名师工程
教研提升系列

解密青年班主任工作智慧

徐世贵 韩冬梅 岳桂婵 著

西南大学出版社
SWUP
国家一级出版社 全国百佳图书出版单位

图书在版编目（CIP）数据

解密青年班主任工作智慧 / 徐世贵，韩冬梅，岳桂婵著. — 重庆：西南大学出版社，2021. 11
（名师工程）
ISBN 978-7-5697-0750-2

Ⅰ. ①解… Ⅱ. ①徐… ②韩… ③岳… Ⅲ. ①班主任工作－研究 Ⅳ. ①G451. 6

中国版本图书馆 CIP 数据核字（2021）第 231573 号

解密青年班主任工作智慧
JIEMI QINGNIAN BANZHUREN GONGZUO ZHIHUI
徐世贵　韩冬梅　岳桂婵　著

责任编辑：雷　兮
责任校对：赵　洁
出版发行：西南大学出版社（原西南师范大学出版社）
地址：重庆市北碚区天生路 2 号
邮编：400715　市场营销部电话：023-68868624
网　　址：http：//www. xdcbs. com
经　　销：新华书店
印　　刷：重庆市正前方彩色印刷有限公司
幅面尺寸：170mm × 240mm
印　　张：12
字　　数：240 千字
版　　次：2021 年 11 月　第 1 版
印　　次：2021 年 11 月　第 1 次印刷
书　　号：ISBN 978-7-5697-0750-2

定　　价：36. 00 元

PREFACE
序

有人说，当教师千万不要去当班主任，因为又苦又累，还有风险；也有人说，既然当教师，就一定要当班主任，否则就不能算是一个完整的教师，就不能全方位体验来自学生那真挚的爱和做教师的快乐。到底谁说的对呢？

实事求是地讲，两种说法都有一定的道理。做班主任确实不容易，肯定是又苦又累，还有风险。但，累，并快乐着；苦，并收获着；险，并挑战着。这恰是主张“当教师一定要当班主任”这一观点的理由之所在。

看来，班主任不是不可以当，当班主任也不一定就很苦很累，关键是看怎样当，当什么样的班主任。天道酬勤，亦酬术。所谓“勤”，是说当班主任要有情怀，敢于担当，既要热爱教育事业，又要勤奋肯干。所谓“术”，就是当班主任要有智慧。当好班主任不能仅靠热情，还要掌握方法、技巧和策略。“勤”+“术”，能让你从忙、累、烦中解脱出来，能让你遇事化难为易，能让你做到避苦为乐，或者以苦为乐，其乐无穷。

那么，到哪里去寻找“勤”与“术”的锦囊妙计呢？这本书将给你指点迷津。

本书有以下四个特点。

一、时代性

现在已经是21世纪。班主任如果用旧的理念来带新时期的学生肯定是不行的。本书站在新时代的潮头，梳理吸纳了新时期全国一些名优班主任的工作方法和经验，用新的思想来引领班主任工作。这些理念和认识不仅渗透在全书每个章节中，在“第 3 章　新时期班主任的工作理念”中还有专门的论述。因此，本书有很强的前瞻性和时代性。

二、针对性

针对性是本书的另一个亮点。本书从班主任工作常遇到的棘手问题和众多困惑中优选出 16 个专题，逐一进行了研究分析，并提出解决对策，为班主任指点迷津、排忧解难。如转化潜能生的智慧，青春期早恋与教育，给予学生有效的学习指导，怎样建设优秀的班集体，等等。这些都是班主任会遇到且需要解决的问题。从问题的提出，到问题的分析，再到问题的解决，本书从理论到实践都做了深入的论述和说明，并借助名优班主任的经验和智慧举一反三。相信每个青年班主任读后都会有所启发。

三、系统性

为了帮助青年班主任更好、更快，全面、系统地掌握班主任的专业技能，在总结名优班主任工作经验的基础上，我们梳理出了一套班主任工作专业技能体系。本书分四个板块对此进行了论述。第一个板块“使命担当篇”，共三章；第二个板块“管理艺术篇”，共四章；第三个板块“育人智慧篇”，共七章；第四个板块“专业成长篇”，共两章。通过上面四个板块，全面、系统、翔实地介绍班主任的工作方法和智慧，可以使班主任的专业技能从零散肤浅走向系统深刻，帮助大家少走弯路。

四、通俗性

对于班主任来说，无论是班级日常管理，还是做学生的思想工作，无论是建设优秀的班集体，还是自身专业能力的提升，都需要理念，也都需要方法。本书摒弃理论上的虚华和浮躁，减少专业概念分析和高深理论的堆砌，强化理论与实践、学习与应用相结合，并引入许多精彩案例，语言朴实，深入浅出，通俗易懂。实践性、操作性、可读性都很强。

一个人能走多远，看他与谁同行；一个人有多优秀，看他有什么人指点；一个人有多成功，看他与什么人相伴。请相信，青年班主任在这本书的引领下一定会加快专业成长的步伐；在这本书的能量带动下，成为一名幸福快乐的优秀班主任不是梦！

CONTENTS

目 录

使命担当篇

管理艺术篇

育人智慧篇

专业成长篇

使命担当篇

第 1 章

班主任的职责与使命

班主任是最易给学生留下深刻印象的人，也是对学生人生影响最大的人之一。在学校，班主任是学生尊重的人。没有能力干不了，没有责任干不大，没有爱心干不长，这就是神奇的班主任。

有学生这样描述他的班主任：活动时，班主任就像大哥哥大姐姐般亲切；生活中，班主任就像妈妈一样给予无微不至的关怀；犯错时，班主任比爸爸还凶……也有学生说，上学时，会和同学表达对班主任的不满，背地里说班主任的糗事，可离开学校后又会想念，心中充满对班主任的感激，感激班主任强制他改掉了很多毛病，感激班主任一直相信他很努力。班主任最终让他成了善良、奋进的人……

这就是班主任，一个平凡又伟大的职业。

一、明确职责使命

新学期开始，总会有一些教育的“新兵”补充到教师队伍中来。而一些“新兵”还会成为中坚力量，直接进入这支队伍的“先锋队”——班主任队伍中。刚刚成为班主任的他们，会彷徨，会遇到很多的问题与矛盾。班主任的任务是什么？班主任都做哪些具体工作？……这些问题就像一只只“拦路虎”，让他们恐惧，让他们手足无措，乃至灰心丧气。

班主任是学校全面负责一个班学生的思想、学习、健康和生活等工作的教师，是一个班级的组织者、领导者和教育者，也是一个班级全体任课教师教学、教育的协调者。有人戏称，班主任是世界上权力最小的主任，却是责任最大、贡献最多的主任，拥有绿豆大小的权力，却肩负西瓜大小的责任。在学校里，与学生交往最多、关系最密切的是班主任；在教师中，对学生影响最大、令学生印象最深的是班主任；在班级管理中，起决定因素的是班主任。一言以蔽之，班主任的工作直接影响每一个学生的思想品德、学习成绩和智慧成长，乃至一生的前途命运，他们是真正的“人类灵魂的工程师”。

什么是责任？责任包括两层含义：一是指分内应做的事，如职责、岗位责任等；二是指没有做好自己的工作，而应承担的不利后果或强制性义务。责任，是一个成熟的人对自己的内心和周边环境能完全承担的能力和行为。责任分四个层次，分别为对自己负责、对他人负责、对集体负责、对社会负责。一般情况下，最基础的是对自己负责，依次上升为对他人负责、对集体负责、对社会负责（图 1）。这是由近及远、由小爱到大爱的过程。在特定情况下，当集体利益与个人利益相互矛盾时，有责任心的人更多是以集体利益为先，个人利益居后。

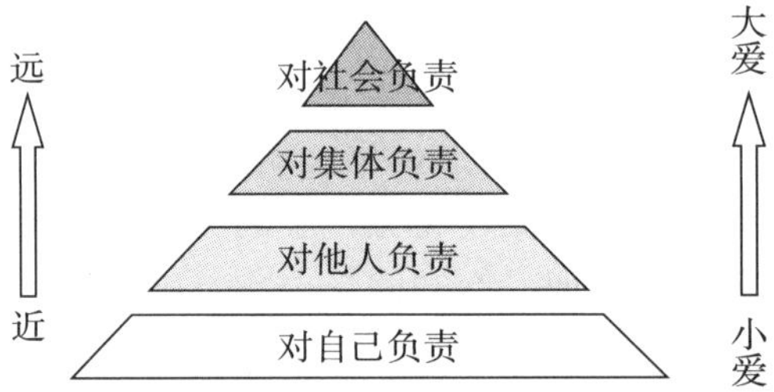

图 1　责任的金字塔

有责任感是做人的基本素质。特别是作为一名班主任，更需要有强烈的责任感。人们常说，教师吃的是良心饭，这里的“良心饭”指的就是教师要具有一定的责任感。责任感能激发人的潜能，唤醒人的良知，作为教师，一旦失去了责任感，必将于麻木中失去最基本的教育良知。

那么，班主任都有哪些职责呢？教育部 2009 年 8 月 12 日颁发的《中小学班主任工作规定》：

第八条　全面了解班级内每一个学生，深入分析学生思想、心理、学习、生活状况。关心爱护全体学生，平等对待每一个学生，尊重学生人格。采取多种方式与学生沟通，有针对性地进行思想道德教育，促进学生德智体美全面发展。

第九条　认真做好班级的日常管理工作，维护班级良好秩序，培养学生的规则意识、责任意识和集体荣誉感，营造民主和谐、团结互助、健康向上的集体氛围。指导班委会和团队工作。

第十条　组织、指导开展班会、团队会（日）、文体娱乐、社会实践、春

（秋）游等形式多样的班级活动，注重调动学生的积极性和主动性，并做好安全防护工作。

第十一条　组织做好学生的综合素质评价工作，指导学生认真记载成长记录，实事求是地评定学生操行，向学校提出奖惩建议。

第十二条　经常与任课教师和其他教职员工沟通，主动与学生家长、学生所在社区联系，努力形成教育合力。

美国心理学家弗洛姆说过："责任并不是一种由外部强加在人身上的义务，而是我需要对我所关心的事件做出反应。"一个有教育责任感的班主任，除了对学生负责，对其他事情也是负责的。对大事负责，对小事也负责。总之，作为班主任，有责任感是工作成功的关键，也是良好师德的具体体现。班主任要时刻用教师的职业道德规范来约束、鞭策自己，谨记自己的教师身份，做到以身作则，为人师表，热爱和关心每一个学生。

班主任不仅要有责任心，还要有家国情怀和使命感。学生是国家的未来，教师的工作是为国家培养栋梁之材。班主任作为教师队伍的"先锋"，要站得更高，看得更远，立足学校，展望学生和国家的未来，有强烈的家国意识和情怀。

迈进中国特色社会主义新时代，教师理应承担起新的历史使命，为培养更多优秀的人才做出更大的贡献！作为新时代的教育工作者，班主任更应紧紧围绕学生、关照学生、服务学生，把立德树人的根本任务贯穿到教育教学全过程，给学生心灵埋下真善美的种子，引导学生扣好人生的第一粒扣子，引导学生立鸿鹄志，做奋斗者，引导莘莘学子把爱国情、强国志、报国行融入新时代的追梦征程之中。

二、把握角色定位

"角色"是从戏剧中引申来的一种社会学名词。它是一个人的地位作用和社会形象的总称，与"身份"近义。如学生、教师、作家、医生、科学家等，一个名称就是一种身份，也就是一种角色。

在社会中，一个人同时承担多种角色。如一个人当他站在讲台上讲课时是教师，他外出坐车时就是乘客，在电影院观看电影时就是观众。角色的魅力在于当一个社会成员进入角色，对自身充当的社会角色悉心体察时，能提高其行为的社会效能。当班主任也一样，对班主任角色体察得越深，其角色扮演得越好，工作越能做好。

根据教育部颁发的《中小学班主任工作规定》，班主任在工作中应注意把握下面几种角色。

1. 班集体的组织者和指导者

班集体是一个小社会，是一个大熔炉，是学生个性得以充分发展的摇篮。学生在这个集体中学习、生活、交往……这个集体促使大家进步，走向成熟，走向社会。一个班集体如果没有班主任的组织，就会像一盘散沙。班主任是班集体的组织者和指导者，承担着对班集体的组织与指导任务，直接影响着班级管理的好坏。

2. 教育方针的执行者和落实者

班主任是教师中的骨干，也是校长的助手。党的各项教育方针、政策要通过班主任的教育教学活动和大量的组织、指导、协调工作，才能有效地贯彻实施，并具体落实到每一个学生身上。所以说，班主任是教育方针的执行者和落实者。

3. 教育教学计划和各项管理的实施者

就像班级中的每个学生都有自己的个性一样，学校中的每个班级也都有其特殊性，学校的教育教学任务只有通过班主任创造性的安排才能顺利实施，继而取得良好的效果。从某方面来说，班主任对班级的管理直接影响着学校的管理水平。

4. 学生的人生导师和心理顾问

学高为师，身正为范。班主任的一言一行、一举一动无不在学生身上打下深深的烙印。班主任是学生的榜样和典范。

班主任对学生的影响不仅包括这些外在的因素，还包括人生的理想、信念、追求、世界观、性格等内在因素，这是一种人格的影响。班主任要关心、指导学生的学习，帮助学生培养学习兴趣，明确学习目标，特别要给学生以学习方法的指导，帮助学生解决学习中的困难。

班主任是塑造一代新人的工程师和艺术家。班主任的光荣使命，是做好学生的思想政治教育工作，进行以共产主义为核心的社会主义精神文明教育，培养有理想、有道德、有文化、守纪律的一代新人。班主任工作的具体目标是管理好班级，建设好班级，提高学生的思想品德及素质，提高学生的成才率。

5. 学生学习的引领者和指导者

关心学生学习生活和学习习惯的培养，增强学生的忧患意识。当今社会，国家需要大批人才，而目前学生的学业成就仍是选拔人才的标准，因此，教育和帮助学生明确学习目标、端正学习态度、掌握学习方法、提高学业成就是班主任义不容辞的责任。同时，还要注重培养学生树立优胜劣汰的忧患意识，增强危机感，使学生在合理的竞争中不断超越他人、超越自我。

6. 家庭、社会与学校教育的联系者和协调者

教育是由家庭、学校和社会形成的立体化教育，教育不是学校自身的一种孤立教育，它离不开社会各界的大力支持，需要家长的积极配合。怎样才能把学校教育、家庭教育、社会教育三者结合起来，发挥整体教育功能呢？班主任在其中发挥着联系、协调的巨大作用。

三、培养人格力量

怎样才能做一个受学生欢迎的班主任呢？能否赢得学生的尊重和爱戴，不是单方面因素决定的，班主任的学识、能力、性情、品德修养等综合素质熔铸成的人格，是其吸引学生的主要力量源泉。这里先来讲一个故事。

看守布袋的老人

张小平

1984 年 9 月，农村学生方敏扛着一只大布袋来北京大学报到。布袋里装着全部行李，他扛着有些吃力。正当他一筹莫展时，有位穿着朴素的老者朝这边走来。方敏连忙上前，请求老者帮忙照看行李。老者爽快地答应了，方敏扔下行李，就赶着去办入学手续。等他把所有手续都办完，已经过了正午。这时，方敏才想起行李，赶紧跑去查看。没想到，老者还站在原地，头顶着烈日，手捧一本书，旁边正是他的大布袋。方敏道过谢后，扛起行李直奔宿舍。

第二天的开学典礼上，方敏突然发现昨天帮忙的老者竟然坐在主席台上。他连忙向同学打听，原来老者就是大名鼎鼎的北京大学副校长季羡林。方敏大吃一惊，忍不住向同学讲起自己干的蠢事，同学听完，顿时明白了什么："怪不得昨天季教授大汗淋漓地坐在太阳下，怎么劝也不肯走，他说自己在帮人看行李，如果换了地方换了人看，取行李的人就该着急了。原来季教授是在替你看行李啊，你真厉害！"

方敏愧疚不已，找到季羡林认错。季羡林笑着说："你有什么错？我那么做是应该的。你从农村来这里读书，布袋里装着全部家当，你能把它托付给我，就是对我最大的信任，我又怎能不认真对待呢？"方敏感动不已。

（选自：《环球人物》2014 年第 16 期，有删改）

一位大学副校长，大师级的人物，给一个新入校的大学生看行李，真让

人敬仰。著名学者张中行曾评说："季先生就以一身而具有三种难能：一是学问精深，二是为人朴厚，三是有深情。三种难能之中，我以为，最难能的还是朴厚，因为，在我见过的诸多知名学者（包括已作古的）中，像他这样的就难于找到第二位。"其实季羡林的魅力核心就来自他的人格。

做人需要有人格魅力，做班主任同样需要有人格魅力。俄国教育家乌申斯基说："在教育工作中，一切都以教师的人格为依据。因为教育力量只能从人格活的源泉中产生出来，任何规章制度，任何人为的机关，无论设想得如何巧妙，都不能代替教育事业中教师人格的作用。"

班主任的人格包括其个人的情操、品行、道德、知识、伦理、气度、胸怀等几个方面。在立德树人的路上，班主任要严而不缚，爱而不纵，学为人师，行为世范，真正成为新时代有理想信念、有道德情操、有扎实学识、有仁爱之心的"四有"好教师。班主任要以高尚的师德、超人的才情、深厚的修养为基础，升华自身的人格魅力和精神气质。

为人师表，以身立教。班主任的品格好，能以真诚、友善、公正、宽容及实事求是的待人原则与学生相处，能以身作则，使学生产生亲切感和仰慕感，学生才会信服他、追随他、喜欢他。

辽宁省正高级教师、优秀班主任张万波说："自 1997 年踏上中学讲台以来，我深切地体会到中学教师这一职业的艰辛。在日常的教育教学中，无论你是否有精神，走上讲台，你就得有精神；无论你是否愿意，走上讲台，你就得乐意；无论你是否有病，站上讲台，你就得没病；无论你在生活中遭遇了多大的不幸，涉足讲台，你就得掩饰你的不幸。因为，你面对的是一张张稚气可爱的脸，几十颗纯真无瑕、求知若渴的心灵。这一切都缘于你是一个教师，你有一个跟别人不一样的人生。为了学生，教师可以竭尽全力；为了学生，教师可以不遗余力；为了学生，教师可以委屈自己的孩子、家庭。这就是教师的境界。

"几年来自己在小中见大、以轻见重、以微见伟，在平凡中学会踏实，在弱势中学会生存，在忍让中学会谦虚，在平实中学会公平。用自己对教师这个职业无法割舍的情怀，一步一步诠释'教师'这个名字的内涵。在一点一滴的教育过程中，修正自己'教师人生'的航标。教师，就是这样，几度风雨，几度春秋。留下一路艰辛，唱着一路欢歌，背负人间的希望，书写着多彩的人生。"

这番话是对教师如何在教学岗位上做人做事最好的诠释。一两示范，胜过一吨说教。天下成大事者，都是以优秀品格作为支撑的。成功者之所以成功，在于做人的成功！失败者之所以失败，往往因做人的失败！班主任工作也如此。

四、树立崇高威信

威信是一种观念形态。威信者，威严及信誉之和也。无威，无以敬人；无信，无以服人。班主任的许多工作是靠威信发挥作用来完成的。

班主任的威信是班主任的教育教学行为对学生所产生的心理效应，包括思想威信、学识威信、品德威信、特长威信、情感威信等。班主任的威信体现在对学生的凝聚力、吸引力、号召力和影响力上。如有时班主任的一句话、一个眼神、一个动作就是一种教育力量。

可见，班主任的威信直接关系到班级管理工作，关系到学生的成长与进步。树立崇高威信，让威信成为一种无形的教育力量是当好班主任的一个重要举措。

（一）班主任容易丧失威信的行为

A.T. 杰西尔德调查令学生讨厌的教师，归结起来有以下缺点：（1）喜欢训人；（2）过严；（3）情绪不稳定和不好；（4）留做不出的作业；（5）没耐心，没同情心；（6）不和学生在一起；（7）讨厌学生；（8）服装不整齐；（9）不笑；（10）说坏话；（11）体罚学生；（12）不公平；（13）一名学生出事责备大家；（14）偏爱；（15）教法不定；（16）不容易接近。这些恰恰是班主任容易丧失威信的做法。

青年班主任更容易出现两个误区：一是以势压人。因为自身经验不足，怕被学生小看，担心受到学生的挑战，再加上老教师“保持威信”“保持距离”的谆谆告诫，容易把学生当成敌人，平时在学生面前有意板着脸，不苟言笑，试图以此镇住学生，进而在学生中树立威信。二是过于亲近。相对来说，年轻教师更具亲和力，更容易沟通交流，这些都是年轻班主任的优势，便于班级工作的开展，但有些青年班主任为了体现师生关系的密切，与学生不分你我，甚至称兄道弟，活泼有余，严肃不足，这恰恰容易失去威信。

（二）班主任威信的形成

从行为科学上分析，班主任对学生有两种影响力。一种是权力因素形成的强制性影响力，另一种是非权力因素形成的自然影响力。班主任的威信是一种非权力因素形成的自然影响力。它通过班主任的品格、知识、才能、感情、人际关系等因素作用于学生，从而使学生产生效仿感、敬佩感、信赖感、亲切感。这是一种强大的凝聚力和威力，使学生尊重、信赖、依恋班主任，从而服从和支持班主任的工作。

1. 热爱教育与学生

魏书生之所以赢得学生的尊敬，痴心于教育事业、爱学生是重要原因之一。为了能当教师，他曾向组织提出过一百五十多次申请。有事业心的人，才会有责任心，才能一丝不苟地工作，才能努力探索教育规律。可见班主任热爱教育事业，热爱学生是威信形成的关键。

班主任不仅要关心学生的学习，还要关心他们的衣食住行。大到生病住院，小到问寒问暖，促膝长谈。班主任心里必须时刻“装”着学生，尤其是能关心、爱护后进生。班主任的一个微笑、一个鼓励的眼神、一个拥抱、一次语重心长的谈话都是爱的具体体现，它能给学生以力量，使学生更自信、更喜欢班主任。

2. 有较高的教学水平

年级越高，学生对教师教学水平的要求越高。班主任如果能在教育教学上驾轻就熟，使学生信服，管理班级便具备了良好的基础。一些教学业绩不甚理想的班主任，尽管工作也兢兢业业，但总是得不到学生的尊重，付出与收获难成正比。

3. 教育方法得当

班主任在教育学生时要讲究方法。怎样才能让学生愉快地接受班主任的教育呢？一靠威严；二靠信誉。管理班级，应以预防不良行为为主，多一些民主平等，少一些偏袒；多一些宽容，少一些苛刻；多一些尊重，少一些训斥；多一些耐心，少一些粗暴。

4. 严于律己

“学高为师，身正为范”，班主任要想在学生中树立起自己的威信，还要严于律己，要求学生做到的自己要先做到。只要班主任言而有信，时时处处给学生做出示范和榜样，威信就会逐渐建立起来。

5. 发展特长

通常，学生都十分敬畏有特长的班主任。一个志趣高雅的班主任，本身就是一本活教材，容易拉近与学生的距离。随着时代的发展，学生的身心志趣与业余生活也发生着翻天覆地的变化，但不管怎样变化都有一条规律，那就是具有社会时代特点。当今学生喜欢唱歌、跳舞、观影……班主任要有自己的志趣才艺，吸引学生并成为学生心中的明星。班主任拥有才艺有利于开展各种寓教于乐的班级活动，并收到事半功倍的效果。

第2章

热爱，带着快乐去工作

热爱是一种力量：做事情，只要热爱，便奋不顾身；只要热爱，会废寝忘食；只要热爱，苦和累都心甘情愿。

热爱的力量

邓　皓

美国是一个酷爱篮球的国度。这个国度里有一个视篮球如生命的孩子。就是他，后来让美国人一提到篮球，就感到了荣耀和自豪！

可就是这个孩子，中学时居然没被篮球队选上，甚至爱球如痴的他要求教练准许他随队去看中学篮球联赛这样并不苛刻的要求也被拒绝了。可他没就此认命，他生命中有个飞扬激越的篮球！那取代了他对整个生命的热爱。

穷途末路之时，他软磨硬缠迫使教练让他当了个别人不屑的、上不了球场的“球员”——专为球员捡球、搬动行李、整理球衣。他便这样接近了因热爱而九死不悔的目标。

数年后他率领的芝加哥公牛队六获NBA总冠军，他个人享有“空中飞人”的美誉，并5次荣获常规赛“最有价值球员”、6次荣获季后赛“最有价值球员”称号。

他便是饮誉世界篮坛的迈克尔·乔丹。

能把篮球玩成绝活的不止一个乔丹，但因为热爱篮球去征服苦难的乔丹却不多。

纵使命运让我跌倒100次，我也要从101次抗争中站起来——这，便是热爱的力量。

（选自：《中学生理科月刊》2005年第Z2期，有删改）

青年教师怎样才能当好班主任？首要的一点就是“热爱”。

因为热爱，魏书生老师在班主任工作方法和艺术研究方面做出了卓越的成绩。他在《班主任工作漫谈》中写道：“世界也许很小很小，心的领域却很大很大。班主任是在广阔的心灵世界中播种耕耘的职业，这一职业应该是神圣的。愿我们以神圣的态度，在这神圣的岗位上，把属于我们的那片园地管理得天清日朗，以使我们无愧于自己的学生，以使我们的学生无愧于生命长河中的这段历史。”

因为热爱，李镇西老师找到了做教师的幸福和快乐，这些年来他出版了《青春期悄悄话——致中学生的 101 封信》《爱心与教育——李镇西素质教育探索手记》《走进心灵——民主教育手记》《花开的声音——我班的故事》等十几部著作。

那么青年班主任们，你们应怎样热爱自己的工作呢？

一、热爱，源于职业信念

热爱，从哪里来？首先，源于人的信念。信念，指人对某种观点、原则和理想等所形成的真挚信仰，即一个人无论做什么总要有自己的人生理想、信念和追求，这是人做事的动力。班主任工作也不例外。你对班主任工作是否热爱，首先取决于你对班主任这个崇高职业的认同。职业认同是指认为自己所从事的职业有意义、有价值，并能从中找到乐趣。班主任是通过培养学生，体现自己的人生价值的。陶行知曾说过：“先生之最大快乐，是创造出值得自己崇拜的学生。”徐特立也说：“教书是一种很愉快的事业，你越教就会越爱自己的事业。当你看到教出来的学生一批批地走向生活，为社会做出贡献时，你会多么高兴啊！”简单说，就是要做自己喜欢做的事和有意义的事，把有意义的事做成有趣的事，把有趣的事做得有意义。

列夫·托尔斯泰曾说，信仰是人生的动力。同样，教育的信仰也是教育从业者的不竭动力，有信仰的班主任总是幸福的。不把领导交给的工作当任务，而是当作品；舞台不是别人给的，而是自己找的。别人怎么看你不重要，重要的是你怎么看自己。你劳动得越多，展示的机会越多，赢得的尊重、表扬就越多，获得的快乐和满足就越多。

有人这样定义幸福：幸福就是做自己喜欢的事儿，顺便养活了自己。热爱是最好的老师，现实生活中不都是由你去选择工作，而经常是由工作来选择你。此时就需要你对工作培养感情，由不愿意到喜欢，由喜欢到热爱，让有意义的工作变得有趣，让有趣的工作变得有意义。

二、热爱，源于敢于担当

从古到今，大凡做出成就的人都有敢于担当的精神。

做班主任也应该有这种精神。能力强，是历练出来的，铁肩膀是担子重压出来的。有的青年教师推掉了班主任的担子，自以为是占了便宜，实则是把提升能力的机会推了出去。有的青年教师抢挑重担，抢着当班主任，抢着当比较乱的班级的班主任，实则是抢到了一个锻炼自己、展示自己才干的舞台。

实践证明，班主任工作是最能锻炼青年教师的。班主任需要完成学校的任务，需要协调任课教师的关系，需要和学校每一个部门合作，需要和家长打交道，需要面对不同个性的学生……如此全方位地与人交往，能不受到全方位的锻炼吗？做班主任需要的组织能力、协调能力、应变能力、沟通能力等，全在其中了！

特别是，转化班上一个个后进生，更是对班主任最好的磨砺。判断一个班主任是不是真正优秀，就看他对待、转化后进生的态度和能力。班集体的发展和学生的成长，是一个跌宕起伏的过程，这个过程，也是班主任不断享受成就感并不断成长的过程。从这个意义上说，正是班主任工作使一批批青年教师快速成长起来的。

李镇西说："班主任不仅仅是给我们无穷的情感财富和教育科研成果，而且更能锻炼我们。我这里说的是'更能锻炼我们'，意思就是说，比起做一般的任课老师，做班主任得到的锻炼更多。的确是这样。现在，我之所以能够做校长，那是因为我做过多年的班主任。换句话说，如果我没有做过班主任，我是不可能有信心和能力做校长的。我曾经在我校教职工大会上说：'对年轻人最好的培养，是让他做班主任！'在学校工作中，没有比做班主任更能锻炼人、培养人的了。班主任工作穷尽了校长管理的全部奥秘。"

可见，敢于挑战，敢于迎难而上，是年轻人应有的担当。勇于担当还体现在必须不断地追求更丰富的知识。作为班主任，要敢于探索不同领域的知识，如班级管理、心理咨询、健康营养等，结合自身的工作有重点、有针对性地学习，这既是社会角色的要求，更是个人生存和发展的需求。我们必须充分发挥主观能动性，自觉自愿地将专业理论与教育教学实践有机地结合在一起，使不断地反省和觉悟成为自己职业生活的重要组成部分。

三、热爱，源于正确的苦乐观

做班主任像读一本书。有人读得快乐，有人读得凄苦；有人读得精彩，有人读得平淡。为什么会不同呢？这固然与人的境遇有关，但从根本上说还在于我们抱着什么样的心态。

如今，越来越多的教师不愿意做班主任了。一位班主任曾这样描述班主任工作："我连续当班主任 21 年了，今年带第八届初中学生。说实话，现在我们学校都没有多少教师愿意当班主任，因为这项工作实在太辛苦了。一方面，现在除了学生越来越难管，对于某些学生和家长，班主任也不太敢管，怕出事；另一方面，虽然上级部门喊着给班主任减负，但评估检查、表格材料，各种与教学无关的活动仍然很多。现在还多了一件让班主任叫苦不迭的事情——各类网络平台任务：安全教育平台，学籍管理平台，综合评价平台，等等，每个班主任都要记一堆的登录账号和密码，花大量精力督促学生和家长完成网络平台任务。都说网络和信息化能提高工作效率，让事情简化，实际上，过度依赖大数据，过度依赖网络平台，反而让教师的工作量成倍增加，耗费了教师大量的时间和精力，而且效果还不好。"

这位班主任的困扰相信能引起很多班主任的共鸣。因为班主任是学校中离学生最近的人，所有和学生相关的事最后都会落在班主任的肩上。但凡事都有两面性，即事物可能有其不利的一面，往往也有其有利的一面，关键是你怎样看待。如有些青年班主任抱怨："我整天都围着学生转，从催促早操到检查晚寝，还要找学生谈心……太忙了！"是的，如此披星戴月地忙碌的确比一般任课教师辛苦，但这何尝不是班主任特有的幸福源泉之一呢？与学生朝夕相伴之际，师生感情更为深厚了；与学生促膝谈心之时，师生心灵更加贴近了。比起其他任课教师，班主任与学生的接触要密切得多，对学生各方面的关心越无微不至，得到的来自学生的爱也越丰厚。

相信许多班主任都有过这样的经历和体验：当你和学生一起出去郊游时，在纵情嬉戏中，你会感到自己不知不觉走进了学生的心灵，自己也变得年轻了；当你卧病在床时，能给你以安慰的，往往是床前学生的微笑和他们送上的一束鲜花；学生毕业前夕，在他们依依不舍的眼神里，你会发现，学生最留恋的教师，是他们平时有些"惧怕"甚至有点"怨恨"的班主任……面对学生爱的回报，班主任会由衷地感到欣慰，因为拥有几十颗童心，这是何等优厚的精神财富啊！

其实，没有不辛苦的职业，做什么都不容易！选择了消防，就意味着要时刻准备着赴汤蹈火；选择了地质勘探，就意味着选择了风餐露宿，居无定所；选择了清洁工，就意味着清晨三四点钟就要起床清扫大街；选择了公安民警，就意味着要时刻面临与歹徒生死搏斗的危险；选择了教师，就意味着要直面这个职业带来的困难和问题。所以关键是心态，心态端正，干活便不累！

“接受现实，学会调整”是一种聪明的选择。班主任工作虽然很辛苦，但既然选择了这项工作，就要开心地去做好。

有人对120位优秀教师进行问卷调查——您一生最大的追求是什么？119人认为自己一生最大的追求是“工作成功，做出贡献”。在奋斗中享受奋斗带来的快乐，这就是有意义的人生，有价值的人生。

四、热爱，源于创新

走别人的路，虽然省力，却很难留下自己的足迹；走自己开辟的路，虽然艰难，却充满着奋斗的欢乐和笑声。为什么魏书生、李镇西等人能在班主任工作中取得成就，享受无比的快乐？因为他们是以研究的心态去做班主任的，是研究和创新给他们带来了动力。所谓“把教育当事业”，至少应该有两个含义：第一，研究；第二，创新。有事业心的班主任，面对教育的所有现象，都能够以一种研究的眼光去打量与审视，并自觉地进行研究。这种研究不是抽象的理论推导，而是结合自己每一天的每一个教育行为（课堂教学、班级管理等）进行分析、比较、质疑、琢磨、提炼等。有事业心的教师总是具有超越自己的欲望，不愿意简单地重复自己，哪怕是一篇“教熟了”的课文，针对不同的学生，或在不同的时期，也希望能够上出新意；面对新的班集体，会努力带出具有个性与特色的班级。

下面是对优秀班主任谢淑美的报道。

“头疼班”班主任的快乐成长

为人师，她兴奋；当班主任，她享受。她是跨界创新达人，跨学科创造出了“数学微写作”，跨领域创造出了“班主任、学生与学科三位一体同发展的研修模式”，她是厦门实验小学的数学教师谢淑美。

近日，2018年基础教育国家级教学成果奖进入公示阶段，这是我国基础教育的最高综合奖项。福建有21项成果入围二等奖，其中厦门5项，而厦门小学入围的项目只有一个——谢淑美的《班主任专业成长的实证研究及培育》。“这也是全国所有获奖奖项中，唯一一个谈班主任工作的。”谢淑美很自豪地说。

落后班级的“翻盘手”

记者在采访中发现，谢淑美特别爱笑，尤其谈到学生、教学时，似乎整个人都在发光。她是海沧人，2000年开始在海沧农村完小从教，2003年到海沧育才小学教书，去年9月被重视创新、重视教学教研的厦门实验小学“力挖”引进学校。

虽然谢淑美的教龄只有18年，但她的两项教育研究在厦门教育界乃至全国教育界颇为有名———数学微写作和班主任专业成长。今年暑假还没结束，谢淑美已在全国各地做了近40场的讲座。

事实上，谢淑美几乎年年都带学生最顽皮的班级，即“头疼班”，她难道不疲累吗？谢淑美并不觉得。她记得第一次带“头疼班”是在2006年，当时她休完产假刚回学校，就被告知了这个消息。对此，谢淑美说，她学会了换一种角度看问题，“‘头疼班’就意味着是进步空间最大的班级”。

带“头疼班”，谢淑美发现以前常规的方法都行不通了，于是开启了创造之路。她开始思考如何更具创造性地带好学生，思考作为教师，她能为学生做些什么，学生最需要的是什么。

“乐学！巧学！”是谢淑美的答案，也是她进行两项教育研究的初衷。

成语中的数学知识、公共汽车上的数字、四肢与数学、楼梯里的知识……在谢淑美的教学中，学生们学会了用“数学之眼”看生活，开始了数学微写作。“从生活知识起步，再慢慢掌握抽象知识，最终对数学产生兴趣。”谢淑美布置的作业很少，却通过写作文来提高学生的数学成绩，让学生感悟数学的神奇、有趣，学会数学思维的应用。她说，各学科都有一个终极目标，即服务生活，体现学科的应用价值。

此外，谢淑美所带的班级，学生们还有“心灵对话本”“进步本”。她告诉学生：“要敢于讲真话”“我的学生，不看多优秀，而看是否有进步”“所谓的进步，是跟自己比较，而不是跟别人比”。

一年下来，这个原来全年级平均成绩排名最末的班成了“老大”。此后，谢淑美每次都主动要求带成绩排名最后的班级，这些班级也都取得了较好的成绩。谢淑美成了落后班级的“翻盘手”。

幸福又“懒”的班主任

谢淑美认为，班主任需要“专业技能”，应该将其当作一门课程去研究。

2014年，谢淑美在中国首届班主任大讲坛上演讲，同年出版了厦门班主任的第一本专著《教室里的情与智》。

谢淑美说，会形成班主任专业化这一观念，源于她的追求——追求“幸福”，成为“懒”班主任，让学生学会自我成长。她把自己的班主任成长历程归纳为三个阶段：因为责任当班主任；选择当幸福的班主任；“懒”到极致的班主任。当记者问是否有第四个阶段时，谢淑美说她不知道，但她不担心，因为学生会告诉她，她要做什么。“帮助学生成长的同时，我也在成长。”

在别人的眼里，谢淑美给学生布置的作业很少，从不加班，一个学期至少两周（约10节课）不在学校，可是，她就是能完成课程进度，能和学生交朋友，能让学生的成绩慢慢提高。“在这些‘赚到’的时间中，我都在琢磨‘怎么懒到极致’。”谢淑美笑着说。因此，即使是在担任数学老师、班主任、教研组长、厦门学科指导组骨干、厦门首期班主任工作坊坊主等11种角色时，她也游刃有余，快乐上岗。

谢淑美曾在一次讲座上说，她不是从小立志当老师的，可是她能干一行爱一行，不被事情拖着走，而是有目标地前行。如今，谢淑美把所带的一年级班命名为“能量班”，她认为这是培养孩子品德的起始，希望能让孩子拥有满满的正能量，又能让孩子带动身边的人。

（选自：《海西晨报》2018年8月14日第A12版·名师周刊，有删改）

如果把教育当饭碗，那么仅能够满足物质生活的需要；如果把教育当事业，就能激发无限的潜能，这种创新的力量能使我们实现自我价值。

怎样将班主任工作做出成效呢？应该有目标，有必要的规划和总结梳理。

任何一个行业，只有5%的人会站在金字塔的顶端，他们做得轻松，成就巨大，对他们来说成功似乎很容易；而95%的人尽管非常努力，成功却很有限。为什么？因为这5%的人心中有目标，95%的人如雾中探路，茫然无知。方向比努力重要，目标比勤奋有效。人不怕路走得远、走得累，怕的是没有方向。青年班主任们，在你初当班主任的时候，你给自己定的目标是什么？在你新接手一个班级的时候，你对这个班级未来几年的定位是什么？一个新学期来到了，你又有什么新的打算和目标？

无论是班级具体工作的管理，还是班主任自我成长的规划，都需要有具体的目标，谢淑美老师就很善于规划和设计，她给出了这样12条至关重要的密码信条：

1. 班主任工作目标清晰，有方向才会有动力。

2. 班主任工作理念引领，有定位才会更到位。

3. 班主任工作模式调整，在研究中挖掘教育智慧。

4. 班主任工作分类处理，化个人的工作为团队的工作。

5. 从班级的外显卫生到做事理念共识的形成——让自己在班级显性管理的常规事务中解放。

6. 合二为一，将班干部的培养融于学校每周布置的事务中——让自己从学校每周布置的事务中解放出来，让事务成为班干部的成长舞台，回报给我们的精彩会更加纷呈。

7. 组建“隐形”的小志愿者队伍，让更多的学生拥有成长的舞台，变学生的成长为自我成长。

8. 用心巧设“德育场”，为学生精心炖制“心灵鸡汤”，变教育为学生的自我教育。

9. 用智搭建“家校互动桥”，形成教育合力。

10. 常怀感恩之心，盘点学生所给予的“隐性财富”，享受收获。

11. 存储学生眼中的自己，让幸福增值。

12. 以“大班主任”的心态去工作，让幸福晋级。

拥有这样的目标和规划的班主任，相信在职业生涯中定能收获快乐和满足。对于班主任的幸福密码，谢老师给出了这样的总结：班主任的幸福是什么样子的？——简单着、追求着、满足着、享受着、幸福着！找一件值得干的事，用一生的时间去干好，让自己奋斗的足迹成为最值得欣赏的风景。希望每一个班主任都能收获属于自己的风景！

第3章

新时期班主任的工作理念

历史车轮滚滚向前，我们已经进入21世纪。21世纪意味着什么？互联网迅猛发展，意味着世界经济和科学的极大发展，意味着社会更加开放，意味着人们的生活发生了极大变化。由此也给今天的教育带来新的挑战和问题，成为班主任工作的新课题。

成都七中育才学校的班主任叶德元，在2015年教师节之际被中央电视台和《光明日报》评选为全国十佳最美教师。在北京参加全国杰出中小学中青年教师推选展示会时，记者问他："你觉得什么样的老师是好老师？"他回答说："看得清时代，在传承中勇于承担责任；看得到未来，在守望与信任中静静等待；找得到幸福，用微笑带给孩子希望。"

站在新时代的潮头，国家必须要有一支德才兼备，敬业爱生，具有广博知识、家国情怀、事业理想的师资队伍。这就需要教师紧跟时代步伐，坚持以德为先、能力为重，及时拓宽知识视野，更新知识结构，创新教学和管理方法，做到"有理想信念、有道德情操、有扎实学识、有仁爱之心"，让学生"亲其师，信其道"，进而"乐其道"，用慈爱呵护学生的纯真，用智慧孕育学生的成长。在庆祝改革开放40周年大会上，90岁老教师于漪说："我做了一辈子教师，一辈子在学做教师！"90岁高龄的教育家尚且如此，我们一线的班主任更要为了时代的变化和学生的发展做改变。班主任用以前的旧理念来带新时期的班集体肯定是不行的。

一、班主任工作常见的问题

目前，中小学班主任在管理工作上还存在很多问题，主要表现在以下几个方面。

1. 越俎代庖

班主任是班级的组织者，在班级管理中要充分发挥团支部、班委会的作用，发挥班干部的才能，发挥有专长的学生的作用。这样既可以调动学生的积极性，也可以给学生提供更多锻炼的机会。但是有些班主任事必躬亲，常常越俎代庖，这不利于学生的成长。

2. 以罚代教

教育是为了塑造人的精神和灵魂。对犯了错误的学生应动之以情、晓之以理。运用体罚、责骂手段，强迫学生做或不做某事，就失去了教育的本意。有的班主任一着手工作就制订一系列处罚条例，规定学生违反了哪条纪律，就给予什么样的处罚。殊不知这样做，一是容易使学生产生逆反心理，二是容易挫伤学生的自尊心，三是容易扼杀学生的创新意识。在这样的处罚条例的束缚下，学生只能唯唯诺诺，唯命是从。

3. 唯分是贤

有些班主任只认分数，成绩好的学生，什么都好，即使犯错，也不会严厉惩罚他们，而成绩不理想的学生稍有错误，就会受到严厉惩罚。这样做极容易挫伤学生的自尊心和积极性，对后进生的转化极为不利，同时也容易使成绩好的学生滋长骄傲情绪。

4. 缺乏民主

班主任要充分听取任课教师、学生及家长的意见，及时总结和改进自己的工作，不能唯我独尊，不能明知是错误的做法，为了维护师道尊严，仍我行我素。

5. 一曝十寒

班主任工作是一项长期、细致，甚至是艰苦的工作，它除了要求班主任要有过硬的教育教学能力和组织能力外，还要求班主任要有耐心和毅力。三天打鱼，两天晒网，是不可能做好的。

6. 只管不教

班主任在处理学生违纪问题时，切忌只管不教。有的班主任不分青红皂白，就对违纪学生大发雷霆，严厉处罚，而不耐心、细致地教育学生，对学生进行方式、方法、观念的引导。其实这种做法效果甚微。搞清情况，因势利导，才是上策。

二、新时期学生的特点

班主任要善于把握时代的脉搏，掌握学生的思想特点、心理特点，树立新时期的工作理念，如此才能做好班主任工作。

（一）学生的心理特点

研究表明，新时期的学生具有以下心理特点。

1. 见多识广，不迷信权威

因为生活在这样一个开放的信息时代，学生见多识广，不迷信权威，也不故步自封。他们敢于肯定自己，也敢于否定自己；勇于探索；崇尚民主，崇尚自己。他们视野开阔，自主意识、平等意识极强，在追求平等和民主的过程中，他们表现出极强的意识。

2. 思维活跃，崇尚能力

现在的学生瞧不起徒有虚名的人，重视自身素质的提高，喜欢在竞争中展示自己，善于发现自己的优势。

3. 喜欢交往，内心孤寂

当今社会发展快，社交渠道多，年轻人渴望接触新鲜事物，结交新朋友，但他们内心也容易产生一种孤寂感。如何处理人际关系，以及如何调节自己的心态，拥有健康的心理，是这一代年轻人要面对的重要问题。

4. 自尊心强，感情脆弱

现在的学生是一个矛盾体。一方面，自尊心强，爱面子，非常看重别人对自己的看法；另一方面，感情脆弱，受不得一点儿委屈，教师或家长批评几句或为某事丢了面子，就会退缩，或是走极端。

5. 自我中心，追求享乐

现在的学生，绝大多数是独生子女，是被宠着长大的，再加上现如今优越的生活条件，使他们习惯了事事以自我为中心。遇事时，他们更多地表现出一种高高在上、盛气凌人的态度。

6. 意志薄弱，独立生活能力差

现在很多学生都是独生子女，加之物质生活优渥，许多学生自小不愁吃穿用度，缺少困难的磨炼，没有遭遇过生活的挫折。家长对他们呵护备至，事事包办，平时很少给其独立做事的机会，致使许多学生自理能力差，依赖性强，意志薄弱。

（二）学生面临的问题

通过研究发现，学生面临以下问题。

1. 缺失真正的偶像

随着时代的发展，“90 后”“00 后”的偶像和榜样呈现多元化有其必然性。但值得注意的是，由于受影视、歌曲、网络、报刊的影响，“十个偶像九个明星”，青少年缺失真正的榜样。榜样的力量是无穷的，这是我们每一个教育工作者，尤其是班主任要思考的问题。

2. 家庭的变化

需要班主任特别关注的是今天的家庭变化。一是现在独生子女的家庭占大多数；二是离异的单亲家庭在增加；三是父母外出打工，把孩子交给老人照顾的家庭在增加；四是父母文化程度提高，更重视对子女的教育。

3. 学习压力

如今，学习压力是不能回避的话题。对 1.6 万余名学生进行抽样调查表明，无论是小学还是中学，学生一年比一年更加不喜欢学校环境和学习活动。58% 的学生选择“假如可以不上学的话，我会不去上学”。学生厌学情绪日益加重，这给班主任工作带来一定的困难。

4. 被大量信息包围

社会开放，互联网迅速发展，学生在拓宽视野的同时，也被大量信息包围着。学生毕竟还是孩子，对于网络上的一些信息还无法辨别，容易上当受骗，甚至导致网络犯罪。同时，有一些青少年沉迷网络。这些必然给班主任工作增加了一定的难度。

作为新世纪的班主任，要了解学生的心理特点及其面对的问题。只有这样，班主任工作才能有的放矢，使学生健康地成长。

三、树立新的工作理念

（一）增强民主意识——变看管教育为引导教育

在有些青年班主任看来，管理学生最有效的方法就是看管。主要表现在三个方面：其一，严防死守，做“全日制保姆”。学生习惯了被班主任“全程监控”，班主任如果不在，他们就会无所适从，无所事事。其二，包办代替，不能充分发挥团支部、班委会的作用。这不利于调动学生的积极性，不能给学生提供更多的锻炼机会。其三，苦口婆心。长篇大论劝导，牺牲了自己无数个休息日，不但没得到学生的理解和支持，反而使学生觉得班主任啰唆、不通人情。

教育心理学研究表明，教育环境过于严肃、紧张或过于松散、凌乱，青少年的心境与情绪都会受到影响，接受教育的功能会随之降低。教育是心心相印的活动，班主任一定要增强民主意识，变看管教育为引导教育。全国著名班主任李镇西在班级管理探索中追求的境界就是爱的民主，要用心灵赢得心灵。民主不只是教育的条件，更是教育本身。每一个学生都有丰富的内心世界，班主任要善于感受学生的爱，在集体教育中教会学生爱他人。班主任只有对学生实施民主教育和民主管理，才能体验到自己的人生价值，才能获得学生丰厚的感情回报。

要做到这一点，班主任就要真诚、坦率地与学生平等对话，让学生学会自己管理自己，让全班学生参与管理，使多数学生从被管的精神枷锁中解放出来，如此便能改变教育氛围，使学生产生轻松的心境，得到愉快的情绪体验。

如在班级管理中，很多班主任都遇到过个别学生在课上看课外书的情况，一般的处理方法，一是当众没收，批评了之；二是当众撕毁，公开检查；三是暗示制止，事后约谈，要求改正。如果换个角度来看，这也是学生的一个长处，班主任可以巧妙引导，让学生正确开展阅读，化弊为利，实现更高的教育目标，这样既教育了一个学生，又教育了一个集体。

（二）增强自主意识——懒班主任教出勤学生

懒班主任往往能教出勤学生，这一点全国优秀班主任董大方有很好的做法和体会。董老师在班上成立了“智囊团”，由学生自愿报名参加，平时的板报和班级文化布置一并交给“智囊团”负责。从确立主题到排版布置，“智囊团”的成员奇思妙想、分工合作，有的设计板块，有的打印标题，有的裁剪花边装饰……他们还动员全班同学绘画、收集资料、打印习作。他们工作热情高涨，总是利用课间或午休时间“见缝插针”，高效率完成任务，班级多次在评比中获奖。而董老师只在旁边起监督和指导作用。

正如苏联著名教育家苏霍姆林斯基的著名论断：“真正的教育是自主教育。”自主教育是实现自主管理的前提和基础，自主管理则是高水平的自主教育的成就和标志。在董老师看来，作为班主任，应让学生明确每个人都是班集体的一分子，应积极主动地献计献策，热爱、关心班集体，为班集体增光添彩。

班主任还要学会“宏观调控”，当“甩手掌柜”，要敢于接受学生参与班级管理的不同结果。凡事都亲力亲为的班主任，所带的学生必然是循规蹈矩、踌躇不前的。班主任要提前制订班级管理计划，做到人人有事做，事事有人做。每接手一个班级，班主任心中都要有一个蓝图，明确要将班级管理成什么样子。班主任可以根据班级管理的周期性、阶段性，把计划分为整体计划和阶段计划。整体计划要依据时代发展要求，提出管理的总目标。然后，根据学生的年龄特征、学习阶段、认知能力、个体素质等，按学年、学期再分成若干个个体目标。在每个个体目标下把内容细化，如思想建设、学习能力、生活能力、素质特征等。针对每一个小目标都要设立相应的指标要求，形成

“管理目标一览表”。把工作做到前面，班主任才有可能做一个“懒”班主任。

（三）增强体验意识——变说教式教育为体验式教育

一次体验胜过百次说教。理解是教育的出发点，亲身感受则是理解的最佳路径。

优秀班主任董大方的做法很值得借鉴。

有一天我走进教室，要组织学生收听学校广播，广播讲的是下午活动的安排。我发现学生很安静，但是从他们的眼神中可以看出很少有学生在听。

广播结束了，学生们都自觉地坐好，注意力集中地等我讲话。我断定他们是在等我复述刚才广播里所讲的内容。我问：“刚才广播里讲的内容都听清楚了吗？”他们不假思索地答：“都听清楚了。”我接着问：“都记住了吗？”同样坚定地回答：“都记住了。”我说：“那好，放学吧，下午不要迟到。”

他们怔住了，你看看我，我看看你，好像在说：“老师怎么不再重复一遍呢？”一个个一边往外走一边问：“广播讲什么了？下午干什么？带什么工具？几点到学校？”我装作没听见，随着学生走出教室，在走廊里听学生说：“等一下别的班，问问他们。”

从刚才的一幕，我发现学生存在一个普遍的问题，就是管理自己的能力差，尤其不会管理自己的时间。我决定从教会学生管理时间入手，培养学生自我管理的能力。

一次做完课间操回到教室，还有三分钟的空闲时间，然后就是我的课，我默默干着自己的事情。三分钟过后，我让几个学生谈谈这几分钟的收获，有的学生说做了三道数学题，有的学生说做了一道数学题，有的学生说背会了五个英语单词，有的学生说自学了本节课要讲的数学知识……

这时我叫起一个小男孩，让他谈谈这三分钟的收获，他站起来十分懊悔地说：“我什么也没干，摆弄东西了。”我说：“你能谈谈你的感受吗？”他说：“我真没想到三分钟竟会有那么大的收获，我很后悔。”

我们的教育曾经在长时间内停留在说教上。看再多、听再多，那只是别人的，只有自己体验过，才是自己的。苏联学者瓦西留克认为：“人永远是自己也只能是自己才能体验所发生的事情以及产生危机的那些生活环境和变化。谁也不能代替他这样做，就像最有经验的教师也不能代替自己的学生去理解所讲的内容一样。”班主任应该以正确的方式去引导学生，使学生多去体验，从而获得成长。

（四）增强熏陶育人意识——变有痕教育为无痕教育

最好的教育，就是看不见的教育，即教育要注重潜移默化。“不教而教”

是最好的教育。不教而教，就是把教育内容渗透在游戏、谈话、生活之中，在一种和谐、自然的氛围中使学生不知不觉地接受。德国哲学家雅斯贝尔斯这样解释教育的本质："教育是一棵树摇动另一棵树，一朵云推动另一朵云，一个灵魂唤醒另一个灵魂。"这强调了环境熏陶的影响和作用，教育要尽可能变有痕教育为无痕教育。

什么是无痕教育？无痕教育就是把教育意图与目的隐蔽起来，通过间接、暗示或迂回的方式给学生以教育的一种教育方式。江苏省昆山市葛江中学优秀班主任于洁的做法就充分体现了这种教育智慧。

这个年龄的孩子正值叛逆期，苍白的说教起不了多大的作用，疾风暴雨的责骂更会引起他们的反感。我找到了最适合我的教育方式，用书信、字条悄无声息地走进学生的心里。面对犯了错、惹了祸的学生，我写道："我们来想想怎么弥补这个过错，不让它继续恶化下去。"面对一次次遭遇挫折快要丧失信心的学生，我写道："就算遍体鳞伤，也要赢得漂亮，你注定辗转，但终究不死。"面对孤独内向、自卑不合群的学生，我写道："'森林之王'老虎也是独来独往的，孤独内向并不影响你成为一个优秀的人，就算全世界都抛弃了你，还有我欣赏你。"面对努力一阵后觉得没有起色想放弃的中等生，我写道："每一朵花都会开，春天来了，连小葱都要开出蒲公英那样的一团白花，为何不坚持着灿烂一次呢？"

班主任应该怎样进行无痕教育呢？

1. 加强班级文化建设

班级文化是一门隐性课程，具有一种无形的教育力量。俗话说："环境造就人。"班级的文化环境对学生的熏陶是潜移默化的，对学生的成长起着重要作用。班主任应努力做好班级文化建设，针对学生的年龄特点、班级实际，实施有效的教育、有效的管理。

通常班级文化包括以下四个方面。

（1）班级精神文化。它是班级文化的核心内容，主要是在实践过程中被班级大多数成员认可的文化理念、价值观念、生活信念等意识形态。它是一个班级的本质、个性和精神面貌的集中反映，并具体表现在班风、学风、班集体舆论和班级人际关系等方面。

（2）班级制度文化。班级制度文化建设主要表现为班级规章制度。规章制度是否科学合理，是班级文化建设水平高低的一个重要标志。它不仅反映了班主任文化水平的高低，更反映了其班级管理水平的高低。

（3）班级物质文化。班级物质文化属于班级文化的硬件，是看得见，摸得着的东西。班级物质文化包括教室内的环境布置及师生的仪表等，是班级文化的基础及其水平的外显标志，具有“桃李不言”的隐性教育功能与教育效果。

（4）班级行为文化。班级行为文化建设指班主任有目的、有计划地指导和开展形式多样、内容健康的文化活动。班主任要善于组织学生开展丰富多彩的集体活动，活动内容要充分体现学生的主体地位，尊重学生的意愿，力求贴近学生的生活和已有经验，让学生在活动中体验、感悟、发展。

2. 错误有痕，教育无痕

成长中的学生都有一些缺点、毛病，出现这样那样的过失，实属正常。错误有痕，但教育无痕。“好雨知时节，当春乃发生，随风潜入夜，润物细无声。”特级教师于永正曾说：“当老师教育学生时，如果学生知道你在教育他，你的教育就失败了。”班主任在教育学生时，要善于把教育意图隐蔽起来，放下架子，以平等的对话者的身份，在与学生沟通的过程中发挥影响作用。在教育学生的过程中既不能让学生受到伤害，又要让他们心悦诚服地接受教育。转变思想，这确实是需要教育智慧和艺术的，看看下面这个案例。

润物无声，教育无痕

天津市大港第一中学　孙秀萍

一日，正值课间休息，班里一名男生急匆匆地跑到办公室：“老师，咱们班的暖气管爆了！”一路跑过去，没进班就听到嗞嗞的喷水声，暖气附近的地面湿了一大片，有两名男生正拿着抹布试图堵上漏水的豁口，结果被喷得满身满脸的水，又有几名男生拿来墩布试着清理地面的积水，可是水流过快，水越积越多，很快整个教室的地面都被水淹了。“快请维修的师傅来！”水一直在淌，大家只能焦急地等待。这时楼下的班跑来告急，水已经渗到楼下。大家再也等不了了，经过短暂的商讨，学生们先用墩布堵住门口，防止水流到楼道和其他班，又将垃圾桶清空做水桶，用簸箕淘水。豁口处的水奔流不息，大家在教室、楼道来往穿梭，把水一桶桶地送出去。终于，维修师傅赶到，阀门关闭，水被止住了，双脚泡在水里的学生们长长地舒了一口气。时值十月底，还未供暖，水温可想而知，他们却没有一丝怯意。一番忙碌，学生的脸都红扑扑的。我看在眼里，感动在心里，心想：这还是人们眼中那群娇生惯养的高中生吗？

难以抑制心中的欣慰与感动，想着一定要好好表扬他们，却听到一旁的维修师傅说："孙老师，请您叮嘱学生以后不要用力挤压或踩踏暖气管道，不然很容易坏掉的。"原本热闹的教室一下子安静了下来，大家面面相觑，有人的目光有些躲闪。我一时语塞，难道暖气管道不是因为老化破裂的吗？我凑过去，清楚地看到暖气管道是脱节了而不是破裂，这只能是外力所致。我如鲠在喉，什么也说不出来。破坏公物、耽误教学、殃及他人，是谁的错？难道刚才的辛苦忙碌都是为了赎罪吗？我想爆发，想斥责，可是看着学生那一张张汗津津的脸，我克制住了自己，只说了句："同学们辛苦了，准备后面的课吧！"

回到办公室，我心里五味杂陈，脑中温馨的场景此时变得面目全非。我要揪出那名罪魁祸首，让他为自己的行为负责！我要让其他学生认识到问题的严重性并引以为戒！这样想着，我渐渐冷静下来。那名学生是故意为之吗？在清理积水的时候，那名学生是不是也认识到了自己的错误？其他学生呢，他们的功劳难道都要被抹杀吗？我要将整个事件定义为一次事故，一次警戒吗？不，绝不能这样！冷静后的我悄悄通过知情者了解了事情的经过，原来是班里的几名男生在暖气旁边嬉闹，其中一名男生无意识的一脚把管道踢爆了。那名男生也是在"抗洪"过程中最卖力的一个，忆及当时人群中他闪烁躲避的眼神，我知道他已经对自己犯的错有了悔过之意。

当天晚上，我在班级群中发了这样一段话："暖气管爆裂，课堂变成抗洪阵地，感动于你们的精诚团结，不怕脏不怕累，爱班护班，亲如一家！这次经历可能会成为你们高中生活中最难忘的一笔，而再忆及此，我相信每个人都会有自己的感触，特别是，那个踢爆水管的'坏小子'！"这段半幽默半嗔怪的话获得了同学们的点赞，大家跟在后面说一些自豪自己高中也曾"抗过洪救过灾"之类的话。

在随后的大学生活中，那个学生不断告诉我他取得的成绩，我与他同享快乐。他担任院学生会主席，获得了校级奖学金、国家大学生励志奖学金、天津市人民政府奖学金、天津市王克昌特等奖奖学金、天津市创新创业奖学金，中国包装创意设计大赛一等奖，2016 年获天津市知识产权创新创业发明与设计外观专利一项……

他在发给我的信息中说："孙老师，是您当年的睿智风趣成就了我今天的美好，真的改变了我许多，让我有机会经历不一样的人生……"

这种"有心无痕"的教育，看似简单，却贵在坚持；看似容易，却常常被忽视；点滴之间，处处体现着先进教育教学理念的光辉。学生犯了错就像上了房，硬逼他跳下来会摔伤，要给他"架梯子"，保护他下来。我们不着痕迹的教育实际上是尊重，尊重学生的人格和个性；是对话，平等基础上的交流沟通；是引导，指引学生前进的方向。

3. 充分利用威信的影响力

“德高为师，身正为范”，让班主任的威信成为一种无形的教育力量，也是变有痕教育为无痕教育的重要途径。有时候，一句话、一个眼神胜过千言万语。一双眼睛看不住几十个学生，一颗爱心却可以拴住几十颗心。班主任怎样树立威信？威信者，威严及信誉之和也。无威，无以敬人；无信，无以服人。怎样才能让学生听话？言而有信，用证据说必要的话，才能让学生信服。

只有学习精彩，工作才精彩。新时期班主任的工作理念要走到学生前头，不断学习，经常思考；班主任要经常走到学生中间，听听他们的心声，了解他们的需要，从而更好地帮助他们成长。

管理艺术篇

第4章

班主任的日常管理

班主任要做好班级日常工作，如掌握学生情况、制订工作计划、培养小干部、加强纪律管理、形成良好的行为常规等。

“班级无小事，事事都育人。”班主任工作可以从两个视角去理解：一个是发展视角，一个是管理视角。在发展视角下，班主任工作的本质是解决学生成长和班级发展中遇到的问题，这是一个不断解决成长困惑的过程，班主任既是学生成长的导师，也是班级建设的设计师。在管理视角下，班主任工作最需要解决的是班级日常管理问题，要营造安定团结、井然有序的班级环境，促进每个学生的健康成长。

一、了解学生

有个关于“钥匙”的小故事：一把坚实的大锁挂在大门上，一根铁杆费了九牛二虎之力，还是无法将它撬开。钥匙来了，他瘦小的身子钻进锁孔，只轻轻一转，大锁就“啪”的一声打开了。铁杆奇怪地问：“为什么我费了那么大力气也打不开，你却轻而易举地把它打开了呢？”钥匙说：“因为我最了解他的芯（心）。”

班主任要想把工作做好，首先要了解学生，你了解学生多少，你成功的概率就有多少。有位班主任说：“在漫长的30年班主任工作中，我之所以很少有失误，主要基于两点：一是深知每个学生的思想、性格和一贯表现，能够在一贯中见反常，及时发现问题。这要靠一个‘勤’字。二是掌握立体思维方式，多角度、多层次地进行思考，遇事能做出准确判断。这靠的是一个‘思’字。两点中更应强调的是第二点。”魏书生说：“心灵的大门不容易叩开，可是一旦叩开了，走入学生心灵世界中去，就会发现那是一个广阔而又迷人的新的天地，许多百思不得其解的教育难题，都会在那里找到答案。”

有位“很负责”的班主任，每天早来晚走看着学生，规定了许多“不准”，甚至包括开新年晚会搞击鼓传花的游戏时都不准笑，上课不准发表不同见解。他还用互相监督的方法检查“几不准”的落实情况。结果呢？班级的纪律似乎被“治”好了，可学习成绩、体育比赛成绩不断下降，学生对他意见很大。为什么事与愿违？根本原因在于这位班主任太不了解学生了，他不了解学生好奇、好动、好玩的特点，而用成年人的习惯去约束学生，结果可想而知。有班主任总结道：“我们教育工作中的每一次失败、烦恼、痛苦，追根寻源都和不了解学生有关。”

俄国教育家乌申斯基说：“如果教师想从各方面教育人，那么，他应该从各方面首先了解人。”每个学生都是不同的独立个体，班主任要尝试着走进学生的内心世界，用学生的眼光看问题，去认识、了解每一个学生。班主任只有经常、及时、全面地了解、研究学生，才能在繁杂的班级工作中理出头绪来，才能有效、及时地化解矛盾，使工作有条不紊。因此，班主任必须切实做到经常、及时、全面地了解、研究学生。

班主任工作千头万绪，应该怎样在抓好班级日常管理的同时了解学生呢？

1. 尽快记住学生的名字

作为班主任，如果能在第一时间记住学生的名字，能在恰当的场合、时机把名字和学生本人对上号，并亲切地喊出来，会让学生觉得你非常重视他，他就会有一种被格外关注的温暖感和安全感。这对师生关系的建立和学生良好心态的形成很有帮助。

2. 让学生进行自我介绍

新班级组建以后，怎样第一时间让学生相互了解呢？自我介绍就是一个很好的办法。接手一个新班级后，可组织学生在黑板上写下自己的名字，然后做自我介绍。通过自我介绍，教师既可以了解学生的基本状况，又可以观察学生的口语表达能力及行为表现中渗透出的心理素质状况，此外，自我介绍还可以培养学生的心理素质，激发学生的上进心和表现欲，更重要的是，能够促进学生间的了解。

3. 抓好第一次活动

心理学研究表明，人的第一次活动，或者说首次感知、第一印象在人的认识和行为活动中是至关重要的。所以，班主任应注意抓住班级活动中的第一次，打下一个好的样板。比如，抓好第一次升旗仪式；上好第一个早自习；上好第一节课；做好第一次课间操；开好第一次主题班会；做好第一次发言；等等。这就要求班主任精心设计这些日常活动的流程，并做到指令清晰、传达到位。

4. 洞察学生的心理

善游泳者多识水性，善教者多了解学生心理。班主任要想管理好班级必须洞察学生的心理。本溪市第二十五中学优秀班主任谢娟就谈过这样的体会："多少年来，我习惯于每次新生入学都发一张贴心问卷卡，上面的项目可以随意设置，比如，你的生日是哪天？你最喜欢什么颜色？你的座右铭是什么？你的理想是什么？你最喜欢什么运动？你最喜欢什么学科？你的特长是什么？你喜欢什么样的老师？你希望我们是一个什么样的班级？你在家里能帮父母做什么家务？等等。然后结合不同学生的不同特点，有针对性地建立成长记录册，以加深自己对学生的了解，拉近师生关系。"洞察学生心理，还要求班主任掌握一定的教育学和心理学知识，有的放矢地对学生进行帮助和指导。

5. 建立学生成长记录册

学生成长记录册可以采用活页的文件夹，前 10 页统一设计，后面的留给学生自己设计，让学生收集自己成长过程中有价值的信息进行记录。比如，可以是自己的完美试卷、优秀作业卡，主持班会的照片或读书记录，等等。班主任建立学生成长记录册不仅能培养学生收集、整理、记录自己成长历程的习惯，还能促使学生在认识自我的过程中，主动挖掘潜能，发展特长。此外，学生成长记录册还可以成为多元评价体系中重要的组成部分。

6. 选好用好班干部

班主任要想给自己减负，培养一批敢管、会管的班干部非常关键。为了培养学生的主人翁意识和竞争意识，可以让学生自愿报名参加班干部竞选，这样选出的班干部，一方面学生服气；另一方面，当选的班干部会更加珍惜他的职务，也能更主动、更积极地为班级服务。

7. 设立班级记录本

在班级常规管理中，有几个记录本是很有必要的。如作业完成情况记录本、好人好事本、班级大事记、家长留言簿、班会情况记录本、读书会记录本等。记录本的增设，既可以记事，也可以提高学生的积极性。除了能记录班级整体情况外，还能记录表现比较好的个人，通过记录学生好的表现，为全班学生树立榜样，用班级正能量来影响全班学生。

8. 适当家访

在通信极其方便的现代社会，进行家访的班主任越来越少了。如果有时间，我们还是提倡班主任亲自去走走、看看。因为家访的结果与简单地和家长发几条信息、打几个电话的效果是截然不同的。家访是沟通教师、家长、学生心灵的桥梁，能拉近彼此的心灵距离。面对面交换意见，达成共识，有助于找到解决问题的办法。家访，能让学生感受到班主任对自己的关注和重视。通过与家长谈话，班主任可以了解学生在家学习及社会交往的情况，了解学生的兴趣爱好、性格特征等。这样，班主任在教育学生时也能更具针对性。根据不同的情况，采用不同的方法对学生进行教育，有计划、有目的地做好家访工作，是因材施教、全面做好班级管理工作的重要手段。

9. 加强纪律教育

没有规矩，不成方圆。一个班级要想管理得好，必须有严格的纪律，所以，班主任必须对学生进行必要的纪律教育，并建立必要的规章制度。

每天的晨检、午休、自习课都要精心安排，使学生养成良好的学习习惯和兴趣爱好。如每天早自习时间背一首古诗，每天午休时组织学生踢毽子、跳绳、读书、唱班歌等等。

实行层层负责制，如值日班长有值班日记，学习班长有学习状况日记，值日生有值日生日记，生活班长有检查情况日记，等等。当日事，当日总结，今天存在的问题，明天不能再出现。

除此之外，班主任还要对班级有整体的了解，了解学生来源（下一级学校背景、家庭背景）、思想概貌（整体素质、行为表现、学习状态）等。要对班级情况进行认真分析，了解学生学习基础（及格率、优秀率、差生率）、班级特点（活跃型、沉静型、中间型）、干部工作（班干部得力、不得力、一般）等。只有对班级情况有整体的了解，工作才能有序、合理地开展。

二、制订班主任工作计划

每到新学年，学校在开学之前总要讨论并制订好一学年的工作计划。班主任要在学校工作计划的指导下制订班级工作计划，这样工作时才能目标明确。因此，制订班主任工作计划是班主任工作中的一项重要内容。

班主任工作计划具有很强的可行性和实效性，它有利于班主任积累工作经验，不断提高管理水平。班主任只有制订好周密的工作计划，才能有步骤地把学校的教育计划落实到班级，使学校培养目标具体化、阶段化，保证学生的健康成长。同时，制订班主任工作计划，也有利于学校对班主任工作进行检查和督促。

如何制订班主任工作计划呢？可以先回答以下 7 个问题。

（1）上学期，在班级管理方面主要有哪些问题？突出的问题是什么？是如何解决的？效果如何？

（2）在上学期组织的活动中，班级表现好的是哪些方面？不够好的是哪些方面？本学期学校组织的各项活动，将如何组织？如何改进？

（3）在班干部培养方面我做了哪些工作？本学期，要如何培养班干部？

（4）在家校共建方面，家委会是否发挥了作用？每次活动，家长义工是否积极参与？新学期，有哪些改进措施？

（5）学校人人都是德育工作者，在新学期，作为班主任，如何协调任课教师合力管理班级？

（6）学生的评价奖励机制是否能调动学生的积极性？本学期将做哪些调整？

（7）班级哪些学生需要多加关注？（别忘了中等生）

把这7个问题回答完整也许就是一份适合自己的工作计划了。

班主任工作计划主要包括以下几个方面。

（1）前言（制订计划的依据及总体目标）。主要说明制订计划的依据。通常依据学校的总体工作任务、党的教育方针和班级实际情况提出本学期的目标，即计划要达到的要求，这部分内容要简要。

（2）工作目标（主要活动和目标）。具体说明本学期的工作目标，即针对班级目前带有共性或带有倾向性的问题所制订的活动任务。工作目标的制订一方面要具体，不要太空洞；另一方面要突出重点，不平均使力，要抓主要矛盾，抓主要问题，以求举纲带目。

（3）主要措施。措施是实现目标的具体活动安排。措施制订一定要具体，要符合学生的年龄特征和心理特征，要生动活泼，形式多样，避免“成人化”“政治化”，要注重实效，不搞形式主义。

（4）时间安排。为保证计划的落实，要针对具体活动安排好时间，标明周次及起止时间，时间安排要注意与学校的教育教学活动协调。另外，时间安排要科学，活动不能太多，也不能太少。时间安排可以用文字叙述，也可以列表表述。

三、科学编排座位

编排座位是班主任日常工作中一件琐碎而常规的活动，做好这件事有着积极的意义。编排座位不仅仅是座位的安排，还是教育空间资源的一种分配。座位的编排对学生的学习效果、学习效率、课堂纪律和健康人格都有一定的影响，这就需要班主任具有扎实的工作能力和教育智慧。那么，怎样给学生编排座位才更科学？这里我们举特级教师魏书生在当班主任时的一个案例。

1985 年以来，我们班学生座位，刚入学时，先按大小个排列，以后随着大家相互了解的加深，可以自愿组合。

组合有两个条件：第一，有利于学习；第二，要“四”厢情愿。

一天，有 3 个好朋友找到我，要求我给他们做分离手术。我问：“为什么分开呢？”

“老师您没发现吗？我们 3 个人都有懒病，凑在一起，相互传染，每个人的懒病都成立方地增长了。”

“怎么做‘分离手术’呢？”

“您以后再发现我们在一起，就让我们写 1000 字的说明书；请您跟全班同学说，号召全班同学监督我们。无论在家，在社会，在学校，只要发现我们在一起，就检举，我们保证感谢，保证有一次就写一次说明书。”3 位懒学生争先恐后地说。

“但愿你们今后能记得今天的话，别等以后反悔了，对同学们的检举，你们恩将仇报，反倒恨人家。”

“那哪能呢？”

“你们要这样想，虽然不在一起，但你们还是好同学、好朋友。为了对得起朋友，为了让朋友勤奋起来，就得暂时和朋友隔离。”

他们 3 人说话算话，好长时间不在一起，每人都找到了勤奋的人做伴，后来都变得比较勤奋了。

我们班四大“闹将”之一，一天晚间跟我商量：“老师，您让我到第二组第四桌去吧，我保证能改正自己上课爱说话的毛病。”

“为什么这个座能治你的毛病呢？”

“那个座的左邻是咱们班的学习尖子，右邻呢？是最不爱说话的女同学，前面的张 ××，我和他合不来，平时基本见面不说话，后面是咱们班的生活委员，我特别佩服他，他也能管住我，坐在那里，您说我和谁说话去？”

“那我得问问，左邻右舍同意不同意你去。”一商量，再加上我的劝说，他们同意了，这位“闹将”乐得蹦起来，到那两个多月，便基本改了自己好说闲话的毛病。

后进同学要换座，满足第一个条件后，我会帮着做工作；一般同学要换座，则还要具备第二个条件——“四”厢情愿。

假设原来甲、乙两同学一桌，丙、丁两同学一桌，甲同学要换到丁同学的位置去，必须征得其他 3 个人的同意：乙同意甲离开自己和丁到甲的座位来；丙同意丁离自己而去并愿意接收甲；丁则愿意离开丙而去和乙同桌。

"四"厢情愿，跟我说一声，立即就可以换。有一个人不愿意也不行。愿意换的同学就去做工作，什么时候做通工作什么时候换，做不通就不换。

学生换座"四"厢情愿就可以换，但必须要跟我说一声，我把4个人找来问一下，大家都同意了，立即换。这个权力我没有下放给班干部，我总觉得，这件事比较复杂，涉及一些微妙的关系，学生找我之前一般考虑比较全面了才来。换得有道理的时候居绝大多数，换得没道理，或换完之后对学生发展不利时，我能及时发现，给予建议，得到及时纠正。我几次想把这个权力也下放给班干部，但一直没有这么大的决心。

引导学生从科学的角度研究人与人的组合，研究坐的位置，有利于使学生变得更理智，更开阔。

随意调换座位并不是让大家都疏远后进同学，相反地，我还提倡先进同学和后进同学坐在一起，这既可以提高后进同学的成绩，也可以提高先进同学帮助人、改变人的能力。

张小飞同学是班级的团支部书记，一直热心于帮助后进同学，临毕业的前一年，她主动找到我："老师，让我和赵××同学坐一桌吧！"我问："为什么？""赵××同学对人很热心，为别人做了许多好事，可他现在学习成绩不好，我怕他升不了学。"张小飞同学曾帮助不少同学进步，她已尽到了自己的责任，我没想到临近毕业，她想的还是别人，我答应了她的要求。毕业后，那位同学也达到了录取分数线，升入了自己喜欢的学校。

也有时，两个看来很好的朋友，经过商量成为同桌，起初挺好，过了一段时间，两人一同来找我，请求分开。我没有发现她们两人坐在一起有什么不合适，不解地问："你俩在一起不是挺好吗？"她们回答："正因为我们挺好，好得过了分，彼此之间失去了互相制约的作用。上课时，老师让讨论问题，我们便不由自主地谈点知心话。上自习也常常惦记我们下课后去玩什么，明知不对，又不好意思制止对方，也不好意思不迁就对方。这些细微的变化，别人不容易看出来，只有我们自己才能感觉出来，再做一段时间的同桌，我们的成绩肯定会下降。"我记得1988年那届学生临毕业前两个月的时间，先后有5对好朋友来找我做"分离手术"。

也有时，两位看起来很淘气，并且合不来的同学，谁都觉得他们难以坐在一起，但他们坐一桌，双方都有了进步。

王海鹏同学思维敏捷，理解力强，精力充沛，上课一听就懂，剩余时间愿深钻，爱说话，多少次班级选举说闲话最多的人，他都位居榜首，最多时高达25票。李健同学原来在四班成绩倒数第一，调入我班后，虽有进步，但仍不爱学习，也多次被选为爱说闲话的人。

一天，王海鹏同学来找我，要求和李健同学一桌，我还认为他在同我开玩笑，便说："放学了，今天老师要赶写一篇文章，没时间跟你开玩笑，快回家吧！"他像往常一样，脸上仍不失顽皮的笑，瞪大了眼睛："老师，真的，今天不是开玩笑。""不开玩笑是什么，两个最能说的人凑在一起，'疾病'互相传染，不成了不治之'症'了？""老师您只知其一，不知其二。我和李健都爱说，不假，但我们说的不是一类内容，有时我们票数比对方多时，彼此还都有过不服气的时候，我们做同桌，说不定能互相制约呢！"我还是不愿意，他又说："您不是总说试试并不吃亏吗？让我们试一段时间，不行，再换回来也不迟。""李健同意吗？""一定同意。"

他们成为同桌，已经两个多月了，效果出乎意料地好。不仅他们两人自习课不说话，还能监督对方不和左邻右舍说话，并且两个人的学习积极性都比以前高了。

（选自：魏书生《班主任工作漫谈》，漓江出版社，2014年出版，有删改）

魏书生老师的排座方法是很讲究艺术性的。一是这种排座方法有一定的民主性，十分尊重学生；二是考虑了社会学影响因素。这里有一定的科学性，因此取得了不错的效果。

编排座位，既是一门艺术，又是班主任进行班级管理重要而有效的方法。座位编排，不仅直接影响学生的学习积极性和身心发展，还从某些方面体现出班主任有无尊重学生、关注学生全面发展的教育理念。另外，从社会心理学来讲，班集体是个"小社会""微观环境"，学生的座位编排关系着学生交往的机会和频率，对学生的学习、生活、品德、个性形成都会产生一定的影响，所以教师要讲究编排座位的科学性和艺术性。

参照魏书生老师的做法及中小学生的年龄、生理、心理特点，为促进学生的成长和发展，我们对座位编排提出以下建议。

（一）考虑生理方面的因素

给学生编排座位首先要考虑学生的视力、个头等生理方面的因素。有经验的班主任，一般都会把视力较差的学生排在前面。为了避免遮挡学生上课时的视线，还要按学生的高矮从前至后依次排座。这样，学生的视觉区就能有一个合适的空间位置。

建议：（1）如果是开学之初，建议按学生的高矮排，如果有特殊情况，如有的学生近视等，可以做一下微调。（2）开学一段时间之后，可以让学生在条件限制下自由组合，在学生自主排好座位后，班主任可根据实际情况进行微调，要以尊重学生为前提。

（二）考虑个性方面的因素

心理学研究表明，邻居间较易成为朋友。从空间距离上看，人们住得越近，就越易成为朋友。

给学生排座位也会产生同样的心理效应。学生之间坐得越近，相互影响越大。他们不仅会成为朋友，而且会在交往中，使兴趣、习惯、性格互相影响和渗透。“蓬生麻中，不扶自直”“近朱者赤，近墨者黑”都是说的这个道理。

在学生个性品质形成的关键时期，班主任如果能根据学生的性格、长处或短处，进行合理搭配，会对学生形成良好的个性产生积极作用。

（三）考虑学习和品德方面的因素

学生之间总会有思想品德和学习上的差异。在给学生排座位时候，应该优差搭配，给学生提供相互交往、相互学习的条件。后进生在课堂上注意力、自控力较差，班主任应给予他们特殊的照顾，使他们处于教师关注的最佳范围。

有的班主任按学生考试分数排座位，这种做法是一种否定评价，会使后进生产生自卑、惶恐、消极的心理；自尊心强的学生会由此产生逆反心理。

还有的班主任在班级设立特殊座位，让调皮的学生坐特殊座位。这种座位或设在讲台旁，或设在教室后面，一方面是作为惩罚，另一方面是避免其干扰其他学生。这种做法也是不好的，对教育学生不利，容易使他们产生对抗情绪。

（四）考虑性别、年龄因素

班主任排座位除了考虑上面的因素外，还要根据年级不同，考虑采取男女混坐或男女混排的方式。实验证明，小学生适合男女同学混坐或男女同学混排。初中生大多数不习惯或不愿意像小学阶段那样男女混坐，而希望女同学和女同学坐，男同学和男同学坐。显然这与他们进入青春意识萌动期有关。

班主任在给学生排座位时，还要注意不能仅从约束学生方面考虑，还应该从方便学生学习方面来安排。

四、怎样做家访

家访是班主任工作的一个重要方面，是学校教育在校外的延续，是班主任开展工作的一个重要手段。一次成功的家访，不仅会在学生心灵深处留下深刻印象，还能增加班主任与家长、学生的感情，促进心与心的沟通，缩短彼此之间的距离。但随着时代的快速发展，通信工具越来越先进，几乎所有的班主任都把家访变成了“电访”。但家访作为一项在特定环境下进行的工作，仍有其不可替代的作用。所以我们不要因为“电访”方便，就放弃传统的家访。在用好“电访”的基础上，在条件允许的情况下，班主任应尽量进行家访，如此才能真正了解学生的成长环境、了解家长的文化素质及家庭教育状况，才能全面认识学生，从而真正做到“一把钥匙开一把锁”。

（一）家访要注意的问题

1. 班主任在家访中要坦诚、热情、平等，要本着对学生负责的工作态度。

2. 家访前，班主任对学生的家庭情况要有初步的了解，对家长的职业、工作性质等要做到心中有数。

3. 要了解学生在家中的表现，如爱好特长、生活习惯、待人接物及交往方式等，这些都是全面了解学生的第一手材料。

4. 要和家长一起探讨教育中出现的问题及解决方法，共同商讨学生存在的问题，制订具体、可行的计划。

（二）家访的内容

班主任应该了解学生什么？

1. 家庭情况。如家长的文化水平、职业状况、兴趣爱好、家庭类型、经济状况、居住条件、教育方法、与邻居的关系等。

2. 学生在家的生活习惯、作息及业余时间安排。

3. 学生在家的学习态度和方法。如对各学科的认识、态度，有哪些好的或不良的学习习惯，有无偏科或精力不集中的情况，有无自学、自检的能力，是否需要家长“陪读”等。

4. 学生的思想品德。如对社会主义制度的认识，对理想、前途、个人抱负的看法；是否积极参加集体活动；经常与哪些同学交往；能否主动关心、帮助有困难的同学。

5. 学生的身体健康状况。如视力、听力、体质等情况。

6. 学生的气质类型和性格特点。了解学生的气质类型和性格特点，有助于班主任确定相应的教育方式和方法。

7. 学生兴趣、需要、能力等方面的特点和发展水平。

8. 学生对教师、班级的希望和要求等。

9. 学生的朋友。学生因为彼此有着相同的爱好和兴趣，才聊到一块儿，玩儿在一起，志趣相投，才会一起讨论都感兴趣的话题，一起参与都有兴趣的活动。可以说，学生的朋友圈是一面“镜子”，能反映出学生的性格特点和爱好；更是一座“桥梁”，是班主任从侧面走近学生、了解学生的重要途径。

孔子教育学生卓有成效，重要原因之一在于他对学生的性格、特长、思想状况了如指掌，在知人的基础上因材施教，因势利导。纵观古今中外，凡是有成就的教师都有一个共同点：有知人之明，能察觉学生思想深处的奥秘，触摸到学生感情的脉搏。因为了解学生，所以制订的教育计划容易被学生接受，效果也好。

第5章

怎样建设优秀的班集体

一个学生可能不怕来自教师的批评，却怕在班集体中受到同学们的批评和埋怨，或者说，教师孤立地教育一个学生较为困难，而在班集体的影响下，同学们一起帮助教育一个学生则比较有效。这就是来自班集体的力量。

苏联教育家马卡连柯曾提出，在集体中通过集体和为了集体而进行教育的原则，他说："教育了集体，团结了集体，加强了集体，以后集体就成为巨大的教育力量。"要改变一个人，个人的力量是有限的，集体的力量是无穷的。把学生放到集体中，用集体的力量来改变他，代价小，效果大。

什么是班集体？班集体有什么功能？怎样建设优秀的班集体？

班集体是学校教育的一个基本组织单位，是初始化的社会群体，更是国家培养人才的一个重要基地。它在强调群体性的同时也兼顾学生个体的发展，它是学生个体与群体自我管理、自我教育和自我发展的重要基地。

班级不等于班集体，学校把几十名学生编在一起，组建了一个班级，任命了班主任，但这只是一个班级，不能说已形成了班集体。班集体是班级的群体性发展到高级阶段的表现形式。在班主任正确、巧妙的组织和精心培育下，班级才有可能发展成班集体。为了对班集体有正确的认识，我们有必要对班级、群体、班集体这三个概念加以区分。

1. 班级

班级是指学校为实现一定的教育目标，把年龄、知识程度相近的学生编成固定人数的教学组织形式。班级是学生的基层组织，也是学校进行教育教学的基层单位。

2. 群体

群体是个广泛的概念，它包括正式群体和非正式群体。正式群体是按一定法规组建的，有特定目标、任务，有领导、有组织机构的群体。非正式群体是自发形成的，是按人群中个体某种共同需要相互结合而产生的，带有浓厚的感情色彩。在正式群体中有可能产生非正式群体。

3. 班集体

班集体对学生思想、品德、行为习惯等都有着重要的影响。一个班集体要求有核心的班级精神，有师生共同认可的最高目标，还要有能够彰显底蕴的班级文化和良好的班级舆论。

优秀的班集体是学生成长的重要园地，一般具有以下特点：（1）班主任具有人格魅力（爱心、民主、公正、律己）；（2）能树立理想追求，有明确的集体奋斗目标；（3）有合格的班干部，能形成领导核心；（4）有班规班法，用制度管人；（5）有正确的舆论引导和良好的班风；（6）有具有特色的班级活动；（7）学生自主管理能力较强；（8）非正式群体有积极的作用。

要建设优秀的班集体，可以从以下几个方面着手。

一、发挥班主任的人格魅力

何为班主任的人格魅力？人格是指个人相对稳定的心理特征的总和，这些心理特征包括气质、能力、性格、爱好和倾向等。魅力是非权力影响力，是指成熟的、能够吸引人的力量。班主任的人格魅力就是班主任个人成熟的并能够感染和教育学生的力量。班主任的学识、能力、性情、品德修养等综合素质熔铸成其人格魅力，这是班主任吸引学生的主要源泉。

班主任的人格魅力源于其往日的工作经历，是其思想、知识、智慧、才干在学生、家长乃至社会中的一种威望效应。概括起来，班主任的人格魅力主要包括以下几个方面。

1. 崇高而伟大的理想；

2. 对事业孜孜不倦的追求；

3. 渊博的知识，精湛的教学艺术；

4. 热爱学生，为人师表；

5. 现代人思想、科学的管理才能；

6. 独特而幽默的个性；

7. 民主、公正。

简而言之，就是“爱”“才”“德”，爱是魅力之源，才是魅力之本，德是魅力之道。

“爱”满天下是班主任人格魅力的情感要素。爱，是教育的基础，没有爱，就没有真正的教育。要想像磁场般紧紧地把学生凝聚在周围，需要班主任对学生全心全意的爱。这种爱，既是温柔的母爱，又是深沉的父爱，更是亲密的友爱。

博学多“才”是班主任人格魅力的知识要素。苏霍姆林斯基认为：“教育是一切艺术中最渊博、最复杂、最高和最充分的艺术。”有学者认为，班主任既要有理论家的分析、综合、雄辩之才，又要有艺术家的想象、概括、表现之才；既要有科学家的观察、实验、推理之才，又要有语言家的凝练、形象、表达之才。作为班主任，必须要多才多艺，尤其在自己的课堂上，要具有较高的造诣，因为班主任的威望很大程度上取决于其渊博的专业水平和高超的教学艺术。

师“德”高尚是班主任人格魅力的品格要素。班主任应该是知识的传播者、智慧的启迪者、精神的熏陶者、人格的影响者、道德的体现者，应该是学生效仿的榜样。班主任的自身素质、道德修养，客观上就是班级群体乃至班级中每一个个体的标杆、楷模。因此，在班级工作中，班主任要时刻注重为人师表，以良好的形象率先示范，潜移默化地影响和激励学生养成良好的习惯，提高道德素养，以期达到用人格塑造人格的理想教育境界。

二、确立奋斗目标，形成凝聚力和共同愿景

凝聚力是一种心理现象，是集体中人心的聚合力，是建立优秀班集体的重要内容。凝聚力越大，越有助于优秀班集体的形成。那么，怎样才能增强班集体的凝聚力呢？帮助学生确立奋斗目标就是增强凝聚力的一种重要方法。

众人划桨开大船

韩冬梅

明确的奋斗目标能让人的需要变成动机，从而推动其行为，给人以力量去克服困难，排除障碍，一步步奔向目标。

新学年开始了，我又接手了一个新班。三年后这会是一个什么样的班集体？我们的奋斗目标是什么？这一次，我打算和学生们一起制订班级的奋斗目标。在第一次班会上，我把这个打算告诉了刚见面的学生们。学生们感到很新奇，他们以为迈入初中的大门，学校和老师会对他们提出很多要求，没想到，班级目标要由他们自己制订。我们约定，在一周的时间里，老师和学生在磨合的过程中，快速找到班级的长处和不足，结合自己心中的愿景，制

订本班的奋斗目标。

一周过去了，我收到了所有学生对班级奋斗目标的建议，我惊诧于他们的想法和主人翁意识。大多数学生结合自己初中三年的目标，提出了自己希望的班集体是什么模样。在制订班级奋斗目标的班会上，我将学生们制订的目标进行了整合，将整合后的十几个关键词写在黑板上，由学生投票选出了"团结、文明、勤奋、感恩"的班级奋斗目标，最后我们将一起选出的奋斗目标贴到墙上。

为了实现这个总目标，我们还分解了许多短期目标作为基础，因为每一个短期目标的实现都是向总目标的迈进。为此我们有针对性地提出了一个个近期的小目标，如专心早自习，认真值日，上课积极发言，帮助同学等。我们发现校歌和门前的雕塑都有"大船"的因素，于是就在教室后面的墙上也设计了一艘大船。学生可以将近期的小目标粘到船桨的位置，当哪个组的目标实现了，就可以为大船添上一个帆。这一活动容易激发学生的兴趣，也能在较短时间内收到效果，同时能够增强学生的自信心。

我们围绕目标，常抓不懈，通过班主任的合理引导和家长的督促，鼓励学生互帮互助，让学生逐步实现各项目标，并利用各种教育时机及时总结，强化目标，从而使学生始终保持积极向上的健康心态。

通过这种方式，我们的班集体迅速形成了。

从上面的例子可以看出，班级奋斗目标的制订和提出，并不能马上转化为学生的奋斗目标，尽管它是正确的，是符合集体共同利益的。班级奋斗目标还需要全班学生的认同，只有学生认同了，接受了，才能转化成全体学生的实际行动。

班主任在确立目标时，要结合学生的个体目标，使学生的个体目标与班级的共同目标相联合，如此才能激发学生的积极性。

班级共同愿景实际上是班级成员个人愿景的汇集，个人愿景是班级共同愿景的基础。班级成员对共同愿景可能有各自不同的意象，当有更多人分享共同愿景时，虽然愿景本身不会发生根本的变化，但会更为生动真实。共同愿景变成既是"我的"也是"我们的"愿景。对班级成员来说，在共同愿景的感召下与其他成员一起追求共同愿景能获得在个人单独努力时所达不到的效果，共同愿景下的个体成员会形成一种凝聚力，为了愿景的实现会自主、自愿地合理配置资源，形成互助发展的良性态势，在实现共同愿景的同时，实现自己的个人愿景。

凝聚力是班集体形成的重要因素。班集体吸引力、聚合力产生的心理基础，是大家对班集体的教育目标、管理目标的认同，这是班集体为之奋斗的方向和动力，也是形成集体意识的首要条件。目标具有导向和激励作用，不仅使学生个体产生了置身于集体的社会需要，形成了强烈的归属感和集体荣誉感，而且使学生形成了对集体的责任感和义务感。目标的认同作用，为凝聚力的形成奠定了认识基础和情感基础。

三、培养班干部，形成班级核心力

班主任要想建设一个积极向上、朝气蓬勃的优秀班集体，就必须建设一支素质良好、认真负责、积极肯干、能独立高效地开展工作的班干部队伍。一个班，良好班风、学风的形成与班干部的良好素质、模范榜样作用、在班中的威信和工作能力有很大的关系。因此，对于班主任来说，培养一支素质高、能力强、作风硬的班干部队伍，是班级管理的一项极其重要的工作。教师必须抓好班干部培养，发挥班干部的核心作用。

班主任应该如何进行班干部队伍建设呢？

（一）准确选择

优秀班干部队伍的形成，要经历这样一个过程，即物色人选—实践考察—众举认定—形成核心。首先必须把班干部的预备人选抓准。

班主任刚接新班，可以根据接班前对学生的初步了解，临时指定几个学生帮忙处理班级事务，先不急于选举班干部，建立班委会。

在物色班干部人选的过程中，班主任可以做这样两项工作。一是看学生的档案，走访老师和学生，家访，与学生本人交谈，加强对学生的了解。二是组织各种活动，通过活动去观察、了解学生。如通过讲演比赛、办板报、布置教室、开展文体活动、召开主题班会，听其言、观其行，从中发现学生的水平和能力。

活动最能了解学生，如金熙寅老师就谈过这样一件事。

接手一个新班之后，我临时指定一位住家较近的同学掌管班上的钥匙，负责每日开关教室的门窗。不久，我听这位同学的家长告诉我：她自从掌管班上的钥匙以来，积极性可高啦！每天早晨都要早早起床，晚上睡觉时，也把钥匙挂在脖子上，从来没见过她这样认真……又通过认真观察，我发现：她不仅每天最早来到教室，最后一个离开教室，而且每当全班同学外出做早操，上体育课、音乐课时，她都默默地关窗、锁门……

这是多么强烈的集体责任感啊！这正是每一个班干部和同学都应具备的良好品德呀！

我立即在班会上表扬了这位同学，讲述了我耳闻目睹的关于她的平凡而又高尚的事迹，并且进行了适当的评论……

这样一来，这位同学在集体中的威信大大提高了，在正式选举班干部时，她得了满票，光荣地当选为“生活班长”，一直勤勤恳恳地为集体工作了三年……

（选自：金熙寅《班主任书简》，光明日报出版社，1989 年出版，有删改）

从金老师的讲述中可以得到启示：班主任应特别注意通过活动来观察、了解学生。

另外，在物色班干部人选的过程中，可以鼓励学生毛遂自荐，并搭建平台给学生提供展示自我的机会。

总之，班主任要通过各种方式，把班级中思想好、工作能力强、热心于班级工作的学生选拔到“领导岗位”上来。当然，选择班干部不能太苛求，不能要求尽善尽美，学生某一方面的不足，可在日后实践中加以纠正。

（二）大胆使用

无论是临时指定的还是正常选举的班干部，班主任都要鼓励他们大胆地开展工作，让他们在实践中得到锻炼，发挥作用。同时，班主任还要做好以下几项工作。

1. 压担子，给予锻炼

实践出真知，锻炼长才干。无论是为了考查班干部，还是为了培养班干部的工作能力，班主任都应适当给其压担子，为他们创造“英雄有用武之地”的机会。

压担子，创造机会，可以分两步走，即由“扶着走”到“放开手”。第一步“扶着走”关键是抓好各项工作的第一次，如第一次制订计划、第一次在全班讲话，第一次主持班会，第一次带领同学义务劳动，第一次讲评班级情况，第一次外出联系活动，等等。这些“第一次”对班干部的成长至关重要。班主任对班干部的“第一次”必须进行具体指导，传授方法，启发诱导。第二步要“放开手”。只有班主任放开手，班干部才能从实践中得到锻炼与提高。如果班主任事事不放心，不仅打压班干部的积极性，也会束缚他们的手脚。“放开手”的关键是班主任对班干部要信任、鼓励。班主任要大胆放手让班干部在实际工作中去提升能力，去学会自我完善。

2. 指导，保驾护航

班干部开展工作不会是一帆风顺的，有成功，也有失误。这就需要班主任注意保护班干部的积极性，为他们保驾护航。班干部开展工作不可避免会遇到这样那样的困惑、困难和挫折，班主任一定要审时度势，及时给予指导和支持。

威信是班干部在班级顺利开展工作的一个重要方面，班主任要注意帮助班干部在同学中树立威信。帮助班干部树立威信的方式有很多，这就要求班主任要深入班级，多方调查，以便帮助班干部树立威信。

（三）严格要求

对班干部放手并不等于放任自流。“响鼓也要重锤敲”，“严师出高徒”。培养班干部，班主任一方面要关心爱护、具体指导，另一方面要严格要求。首先，班干部是学生中的领袖，是班级的核心力量，他们必须为学生树立榜样，“其身正，不令而行；其身不正，虽令不从”。如果班干部不能严格要求自己，不给同学做出表率，只对别人发号施令，这会大大削弱班干部的作用。其次，班干部的成长需要严格要求。从一个普通同学成长为有一定管理能力的班干部，需要经历一个磨炼过程。这既需要班主任的具体指导，也需要班主任的严格要求，促使他们去思考，让他们认识自己，完善自己。

四、抓舆论，形成良好的班风

舆论是一种心理环境，任何一个社会团体都不能忽视舆论的作用。健康向上的舆论导向，是一个班集体形成良好班风、学风的基础，也是其形成凝聚力和向心力的前提条件。正确的舆论会鼓舞学生奋发向上，加强集体团结；而错误的舆论，特别是流言蜚语会伤害学生，不利于集体的团结。所以，班主任要重视对班集体正确舆论的培养。

班主任要引导学生明辨是非，旗帜鲜明地提倡和支持正确的东西，批评和抵制不正确的东西，使学生始终保持一股正气，从而形成良好的班风。谣言和误解，班主任要及时予以澄清，要坚决抵制不良倾向的影响，使学生在认识上、感情上、行为上基本保持正确的导向。

一位班主任介绍了自己的做法。

那年我担任六十七班的班主任。一次开班干部会议，研究班风问题。他们说，现在班里的纪律虽然比较好，但正确的舆论还没有形成，班里缺乏一种凝聚力……我提出：“我们能不能办一份报纸？”能办一份自己的报纸在中学生心目中是十分神圣的。“我们自己能有一份报纸，那多好啊！”大家反应十分热烈，一致赞同，并商讨决定将其定名为《班报》，此外还讨论了编辑、稿源、版面、栏目、刻印等有关问题。

为了让学生锻炼能力，发挥特长，《班报》由他们自写、自编、自刻、自印，我只在编辑计划、用稿、版面设计等方面提一些建议，经过半个月的紧张筹备，我们的报纸终于问世了！

它是16开四到六个版面的油印小报。报头是两个套红的遒劲有力的大字——班报。

每期《班报》都有小通讯员们采写的校外、班内新闻，如学校开展什么活动，我校代表队在中学生运动会上获得冠军，我班某同学获长跑第一名，我校或我班某同学在省、市学科竞赛中获奖，我班“手抄报”评比揭晓……同学们从中获得了许多信息，得到很大鼓舞。

每期都有好人好事的综合稿。

每期都辟有“小评论”专栏，这是同学们发表见解、弘扬正气、抨击不正之风的园地。

《班报》还办了“小草”文学副刊，给同学们介绍一些写作知识，并为本班同学提供文学作品的发表园地，深受同学们的欢迎。

《班报》成了我对全班学生进行思想教育的得力助手，它对优良班风的形成起了巨大的推动作用，增强了班级的凝聚力。自《班报》问世后，学生们团结向上、勤学守纪的自觉性大大加强。学校每周对各班班风进行检查评比，我们班周周都是第一名。每次考试，我们班也名列年级前茅，班团支部还被校团委推荐为省优秀团支部。班上每个学生都为自己的班集体感到自豪。

从以上案例中我们不难看出，这位班主任通过班级舆论的力量，使班级形成了勤奋向上、刻苦钻研、勤于思考的良好学风。可见良好的集体舆论，不仅能强化班风的约束作用和激励作用，而且能强化学生的责任意识。因此，在班集体建设中，班主任一定要抓住时机，营造良好的班级舆论。

五、抓竞争意识，培养集体荣誉感

集体荣誉感是一种向心力，它能激发学生热爱集体，关心集体。在一个班集体里，学生的集体荣誉感越强，集体越团结，人际关系越和谐，越是充满生机和活力。

通过抓竞争意识来激发学生的集体荣誉感是一个好办法。学生多争强好胜，竞争意识强烈，所以教师可以通过与兄弟班开展学习竞赛、体育竞赛、劳动竞赛等方式来激发和培养学生的集体荣誉感，使他们体验到为班集体争得荣誉的光荣，产生“我离不开集体，集体也需要我”的情感。这样，大家就会以主人翁的姿态，自觉地创造丰富的集体生活，维护集体利益和荣誉。

感谢对手，强大自己　非常时期，“PK”到底

韩冬梅

我们在与他人的竞争中学习，在与自己的竞争中成长。我们不仅要学会与他人竞争，还要学会与自己竞争。没有竞争的世界是不精彩的。

突如其来的疫情让我很苦恼，特殊时期不能与学生面对面交流，学生长时间居家学习，失去班级约束力，怎么办呢？

于是我决定将“小组 PK”从教室搬到家里，搬到“线上”，将积极向上、团结竞争的机制运行下去。我根据班级的人数与实际情况将学生分为 8 个小组，每小组 6 人。为了公平公正，采用“组内异质，组间同质”的方法分组，并选出一名学习积极、认真负责的学生做组长，负责管理与监督小组成员。组员共同商定小组名称与小组口号，以增强小组文化凝聚力。

疫情期间，根据大家共同约定的 PK 规则，我从学生每天线上听课考勤、早读打卡、听力打卡、体育锻炼打卡、周记打卡、作业完成质量、听课互动效果、背诵检查等多个方面对学生的学习与日常生活进行管理监督。我还利用打卡软件，带领学生进行小组 PK。学生自愿将自己的锻炼视频、听力跟读语音、日记等通过打卡软件发送给老师，相应地给自己的小组加分，提升自己小组的排名。在周末的班会上，我会集中展示精彩视频及小组 PK 总结，这样不但丰富了学生的课余生活，提高了学生的综合素质，还为学生提供了展示自我的平台与机会。学习成绩有高低，体育锻炼却不分你我，让每个学生动起来，不但使学生有了成就感，同时也为他们的“线上”学习增添了色彩与滋味。

小组 PK 的积分以电子表格的形式每天傍晚在班级群公布，以督促组长、组员及时做出调整。积分排名会在每周日的线上班会中公布，我会客观地分析学生及小组一周的表现，并根据排名确定 4 个优胜小组与 4 名优胜个人。连续两周获得优胜的小组与个人将获得奖励。

六、抓纪律，强化制度管理

任何一个集体，如果没有体现集体意志、反映集体个性的规章制度，凝聚力都无从说起。一般来说，纪律是组织和建设班集体的保证，是衡量班主任管理水平的标准之一。一个班级如果没有形成良好的纪律，就谈不上班集体的形成。班级规章制度是以《中小学生守则》《中学生日常行为规范》等为

依据，并根据本班学生的具体情况，在班主任的主持下，由全班学生参与制订的，如班级公约、条例、纪律等。班级规章制度是班集体的行为评价标准，是班集体的人际关系准则，是班集体的“灵魂”。它有利于班级内部的团结，能保证集体活动的一致性，使全班学生懂得什么该做，该怎样做；什么不该做，为什么。它是班集体凝聚力的表现。

我的班规我的班

韩冬梅

我制订班规的理念：第一，班规应该是学生的需求，而不是教师的要求；第二，班规应该由学生自己制订，而且是人人参与；第三，班规所制约的对象应该是包括班主任和任课教师在内的班集体所有成员；第四，制订和实施班规的过程，是民主启蒙、民主教育和民主训练的过程。

这是特级教师李镇西对班规的看法。新接手一个班级，我也尝试了这个做法。我首先做的事情是带领全班学生学习《中学生守则》和《中学生日常行为规范》，以及学校有关校规校纪的规定。在此基础上，发动全班学生参与班规的制订。经过集体讨论、修正、补充，全班学生共制订了43条班规，这些都是由学生提出经全班讨论确定的。班级一旦通过某个学生提出的班规，在这条班规后面就写上他的名字，今后就由这名学生负责检查落实。在班规中，不乏这样温暖有趣的语句：“改同学试卷时要特别谨慎”“有谁欺负你，让老师知道”“同学受罚的时候，不要看着他”。

在实施过程中发现，有的班规不符合实际，就集体商讨取消这条班规。制订完班规后再集体研究违反了班规应采取的处罚措施。违反的学生不仅要写说明书，还要检查监督全班学生的执行情况，最后要为班级学生或者老师做一件好事来弥补自己的错误。班级的每一个学生在具体负责检查自己提出的班规的同时，还要管好自己。

班干部由全班学生集体表决确定，并采取轮换制和聘任制，这样能够保持班干部的良好形象，把优秀的学生选进班干部队伍。对于班内纪律松散、学习成绩较差的学生，我从不采用强硬的手段要求他们改正，而是想方设法让他们参与班级管理，在班级中找到力所能及之事。

案例中，班主任着眼于学生自我教育和自我管理意识的唤醒与能力的培养，不仅让学生自己制订班规，还让学生去监督。由于班规是大家商讨制订的，所以学生更乐于接受并遵守，凝聚力自然形成。

七、抓非正式群体的利用

什么是非正式群体？就是指学生因为某种兴趣、爱好或因为进行某种活动、游戏，自发、自然地组成的群体。学生非正式群体包括临时性非正式群体和长期性非正式群体，长期性非正式群体就是他们的“小伙伴群”。抓非正式群体的利用有助于良好班集体的建设。

学生非正式群体具有巨大的自我约束、自我教育功能。研究并利用好学生非正式群体的教育功能，是加强班级监督、进行班级管理的一种措施和手段。利用学生非正式群体的教育功能，要注意以下几点。

（一）细心观察，有所准备

怎样开发和利用好学生非正式群体呢？首先班主任要对班级中实际存在的非正式群体有所了解，这样才能有的放矢地开展工作。班主任平时要留心观察，必要时要做一些前期的准备和调查工作。

1. 了解群体

班主任要了解班级里谁和谁好，哪些学生愿意在一起，都有哪些“小伙伴群”，他们在一起常做些什么事情，等等。做好群体了解，才能有效利用群体。

2. 了解性格

班主任要多接触学生，了解学生的性格特点，有针对性、有策略地利用非正式群体的教育功能。有些学生是不太适合这一策略的，比如，内向或叛逆的学生，对于这类学生就要有选择地使用这一策略。只有“对症下药”方能“药到病除”。

（二）注意引导领袖人物

在学生非正式群体中往往存在一个核心人物，他在小群体中起着重要作用，班主任可重点关注。抓好这个“领袖人物”，能够起到“点亮一盏灯，照亮一大片”的作用。

班级是一种不可替代的教育资源，对学生的成长有着最直接、最有力的影响。让每个学生都品尝到成功的快乐，是班主任必须树立的全新理念，我们应创造性地赋予班级新的生命力，让班级成为培养时代新人的基地，成为学生健康成长的乐园。

附：

初中班级建设三部曲

临汾市第三中学校　何国柱

一个班集体能否健康地运作，主要是看班主任的班级建设搞得如何。如何搞好班级建设，取决于班主任的带班教育思想理念，即一切工作要做到"以人为本"。学生是活生生的生命，而不是物，是有思想的，所以班主任在班级开展的一切工作，必须是学生能够接受的。初中班主任工作不同于小学班主任，因为初中学生的思想高于小学生，即相比小学生，初中生有了较高的"思想"，同时会继续发展。要让学生接受班主任的班级建设，就要从实际出发，而最大的实际是学生。结合自己多年带班实际，现从发展的角度谈谈班级建设。

1. 七年级班级整齐化建设

一般来说，义务教育阶段，由于学生是按照区域就近免试入学的，所以在学习、生活习惯等方面不像通过参加中考进入高中的学生那么整齐，从一开始学生就表现出较大的差异：有的学习能力很强，有的学习能力很差，有的学习习惯好，有的学习习惯差。随着学习任务的加重，两极分化愈演愈烈。这可以说是多少年来，多少班主任及任课教师都无法解决的"顽症"。甚至我们还会听到初中教师抱怨"×××，放到小学三年级也不是好学生"。

［出招］教师应改变传统的对学生的分类：优等生、中等生、差等生，从思想上接受所谓的"差等生"，并冠之于"潜能生"。不是想着如何转化"差等生"，而应该是如何使"潜能生"的潜能充分发挥出来。首先是给他们自信。我们可以发现，有的学生小学六年过去了，都不会工整地书写，在全班同学面前也不敢发言，根源不是自律性不强就是自信心不足。教师首先要有针对性地放大其闪光点，缩小其"污点"；其次要有意提供多种机会，让班集体认同他们，接纳他们，最重要的是教师要用心去爱他们，而不是把爱给了所谓的优等生。在七年级入学时可以开展主题班会，如"起点之美""我们都很自信""说出大家的优点""我们都能成功"等；也可以设立班级口号：现在优秀的走向卓越，暂不优秀的走向优秀，人人在进步。七年级的主要目标在于不要让学生掉队，不抛弃、不放弃任何一位学生，形成互帮互助的班级氛围，不要让学生输在起跑线上。最后，也是关键的一点：使学生有责任心。每从七年级接一个班，当我正式走进教室见到新生时，我这个班主任总是"静音"一节课，学生当然"不知所措"，这是我安排的考试，下课时，我

会总结这节课各个学生的表现，并告知每一个人：要学会管理自己，课堂不是一个人的，是大家的！

2. 八年级班级多样化建设

班级多样化建设主要是丰富班级内容，严格要求，充分调动学生的学习积极性。八年级学生，经过了一年的自信培养，已有一些成效，此时要通过多样化的活动来巩固成果，强化“小升初”阶段——七年级班级建设的衔接教育理念，形成积极向上的班集体。

［出招］其一，班级可以搞文艺活动，丰富学生的精神世界。如倡导感恩教育，可以组织学生排练手语《感恩的心》，既丰富学生的精神世界，又教育学生应该对家人、老师、社会怀有感恩之心。其二，进一步强化班级纪律，如可以组织学生观看电影《冲出亚马逊》，学习中国军人坚忍不拔的精神，形成“服从、完全服从、绝对服从”的纪律理念。“没有任何借口”是美国西点军校奉行的最重要的行为准则，是西点军校传授给每一位新生的第一个理念。在这所学校里有一个久远的传统，就是学生遇到军官问话时，只能有四种回答：“是的，长官！”“不是的，长官！”“长官，我不明白！”“长官，没有任何借口！”除此之外，不能多说一个字。

3. 九年级班级提升建设

九年级是收获的季节，主要在于要面临学业考试，人人都想考出好成绩，人人都想为自己的初中画上圆满的句号，对于一个班级来说也是到了提升建设的阶段。九年级学生要面临阶段检测，紧张的学习和频繁的考试往往会使经营了两年的班级承受不下来，学生“叫苦”，教师“受累”，班主任“承压”，怎么办？

［出招］其一，加强体育运动，坚持日常的做操、跑步，动员教师和学生一块儿跑，步调统一，口号洪亮、标准。其二，成立班级篮球队，进行阶段篮球赛，要求赛出成绩，更要赛出友谊。其三，坚持每天一刻钟的练字，这个过程既可以陶冶情操，又能提高学生的审美观，达到修身养性的效果。其四，师生共同唱响“岁月之歌”，谱出“如歌岁月”。

班级建设要有发展的思路，从小学到初中，从一个年级升入新的年级，学生在发展，班级管理也要发展，同时构建出科学的体系，这样才能引领学生健康成长，造就优秀的班集体。

第6章

班级活动的组织

“活动育人”独具魅力。没有活动，就没有德育；没有活动，就没有丰富、多彩、快乐的学校生活。叶澜教授在回忆她的小学生活时，这样描述：“当时在小学上些什么课，真的是没有清楚的记忆了，但那一次次的活动场面却记忆犹新、清晰生动，还包括当时的心情。正是这样一种孩子喜欢的活动，不仅使我们根本没有学业负担过重的问题，而且在我们这一代人的幼小心灵中，播下了对国家、民族、事业负责的种子。”可见活动对一个人成长的重要性。

班级活动是由班级成员参加的集体教育活动，是指在班主任的组织和领导下，为实现培养目标，完成教育计划而组织的一切教育活动。组织、策划班级活动的能力是班主任的一项重要基本功。青年班主任正处于富有想象力、活力、表现力的时期，应当站在时代的最前沿通过各种活动向学生传递先进信息。青年班主任要充分发挥年轻人的优势，组织各种别开生面的专题活动，用自己的热情帮助学生多角度、多层次地展现自我、认识社会。

一、重视活动育人

活动育人能达到知行合一的目的。活动是促进学生理论联系实际的重要纽带。早在明代，我国著名哲学家王明阳就提出了“知行合一”的理论。他认为，只有把“知”和“行”统一起来，才能称得上“善”。

什么是活动育人？活动育人就是让学生成为活动的主体，通过开展丰富多彩、震撼学生心灵的活动，发掘学生的生命活力，让学生在活动中感受学习和生活的乐趣，体验生命的价值，让活动成为对学生进行潜移默化教育的主阵地。

活动育人之所以受到学生欢迎，是因为它有独特的魅力。

1. 空间广阔，促进发展

生命在于运动，教育在于活动。在班级活动中，学生广泛接触自然、社会、科学技术、文艺体育等，广阔的活动空间，使他们可以从中体察社会生活，了解科技动态，培养高尚情操，提高各种能力，得到全面发展。

2. 生动直观，寓教于乐

班无活动不“活”。每每提起德育，学生往往会想到枯燥的说教、乏味的训话。而活动育人就不同了，它生动直观，寓教于乐，学生更容易接受。有活动的日子，学生到校的积极性空前高涨，就连运动会、联欢会这种老生常谈的活动，也是学生所盼望的。

3. 锻炼班委，增强凝聚力

一次生动的活动胜过一千次空洞的说教，通过活动，可以培养学生的集体荣誉感。班集体是在班级成员参加共同活动中形成的，在活动的实施过程中，通过加强分工协作，使班干部得到充分的锻炼。此外，全体成员参与积极性被调动起来，形成了正确的集体舆论和良好的班风，班级凝聚力也随之增强。

4. 展示特长，培养才华

课内打基础，课外增特长。学生根据自己的兴趣、爱好和特长，选择感兴趣又适合自己的棋类、体育类、手工类、文艺类等活动，这样，学生就可以按兴趣、爱好、特长组织在一起，共同促进，使特长和能力得到培养。

二、班级活动的分类

根据目前学校教育的实际情况，班级活动可分为四大类：主题活动、微型主题活动、例行性活动和无主题活动。班级活动的这四种形式没有低级与高级、好与坏之分，它们有各自不同的特点和作用，都是班主任工作所需要的。活动组织得好，受到学生的欢迎，就能达到促进学生发展的目的。

三、班级活动的设计

开展好各种班级活动是班主任一项重要的基本功。那么，班主任怎样才能设计出既受学生欢迎，又有教育实效性的活动呢？首先，班主任要“让设计改变学习，用爱心陪伴学生”，立足主题，挖掘活动的育人功能，让班级活动真正成为启迪人、教育人、发展人的场域。其次，班主任要不断地去阅读有关名优班主任的书籍，学习其组织活动的方法。再次，不断在自己班级设计各种活动，不断摸索经验。为了帮助班主任设计好班级活动，这里介绍几种常见的设计方法和案例。

（一）主题活动设计

主题活动是根据学校教育计划，针对学生实际情况提出一个主题，围绕这个主题进行的教育活动。它有如下特点：一是目的性强，有明确的教育主题与任务。二是计划性强，需要有充分准备，有完整的活动方案。三是结构完整，需要有一节课或一个单元的时间。

好学法　好学生

——实验小学六（2）班班会课纪实

辽宁省本溪满族自治县实验小学　班主任　田　梅

乙：我宣布“好学法　好学生”主题班会现在开始！

甲：燕子去了，有再来的时候；杨柳枯了，有再青的时候；桃花谢了，有再开的时候。但是聪明的你告诉我，我们的日子为什么一去不复返呢?

乙：张睿宸，老师让我们主持班会，你发什么感慨呀！

甲：哎！时光飞逝，转眼间我们都是六年级的学生了，面临小升初，我有点激动，对新的学习生活充满了向往，因为我们又将向着梦想前进一步。

乙：你先别激动。你对初中的学习了解多少？

甲：还真没什么了解。

乙：多年来，困扰教育工作者的一件事是，小学阶段学习较好的一些学生进入初中后，特别是七年级上学期，学习成绩常常会出现较大幅度下滑。例如，小学六年级数学合格率95%以上，但七年级第一学期的数学合格率仅为75%左右。对此，教师、家长、学生都很困惑。

甲：这样啊！看来这个问题非常值得我们小学六年级的老师、学生及家长重视。

乙：是的。在刚进入初中举行的摸底水平测试中，很多学校英语不及格的人数会超过50%，甚至会达到80%，考试成绩也从10多分到90多分参差不齐，不敢相信小学的教学质量会如此经不起考验。甚至有人抱怨，现在的学生怎么一届不如一届？

甲：那到底是什么原因造成的这种现象呢?

乙：这很值得我们探讨，因为它关系到我们每个人。请同学们畅所欲言，分析产生这种现象的原因。

甲：初中生成绩下滑的原因有很多，但最重要的是科目多、难度大、学习方法不当。

乙：看来学习方法得不得当，对于小升初能否平稳过渡起着决定性的作用。

甲：接近半数的学生认为迫切需要在学习方法指导上获得支持。可见学习方法和自主学习能力是影响初中生成绩分化的重要因素，也说明对学生进行学习方法指导是一件刻不容缓的大事。

乙：最近我们进行了一次问卷调查，共有十个问题。现将调查结果汇报一下：

（1）你能经常给自己和生活做计划吗？

能：6人　不能：6人　偶尔：47人

（2）你能经常看到自己在学习中的不足并为此做出努力吗？

能：53人　不能：6人

（3）你能在阅读时及时对陌生的字词和不懂的问题做出标记吗？

能：18人　不能：6人　偶尔：35人

（4）考试中的错题你会主动弄明白吗？

能：48人　不能：11人

（5）你经常使用工具书吗？

经常：28人　偶尔：31人

（6）上课或自学你都能做到聚精会神吗？

能：34人　不能：25人

（7）你能见缝插针利用点滴时间进行课外阅读吗？

能：25人　不能：6人　偶尔：28人

（8）你能做到习惯性地预习和复习吗？

能：13人　不能：8人　偶尔：38人

（9）遇到不懂的问题你能主动向老师或他人请教吗？

能：34人　不能：2人　偶尔：23人

（10）你能在学习中经常发现一些小窍门吗？

能：15人　不能：16　偶尔：28人

甲：田老师给我们做了一个诊断，诊断结果如下：

（1）学习盲目无计划，甚至需要老师和家长的监督。

（2）不会科学地安排时间。

（3）不会听课，荒废课堂时间，效率低。

（4）分不清重难点，不能有针对性地复习。

（5）不善钻研，做题知道答案就了事，不去总结方法。

乙：看来同学们在学习方法上还存在着各种各样的问题，希望同学们能从下面的案例中看到自己身上的不足，并加以改正。

（学生读案例。）

甲：我们班有这样一些学生，平时守纪律，听老师话，作业也总是认认真真完成，可学习成绩总无法提高，家长、老师都很着急。他们自己更着急，早晨早早就到校，左翻翻右看看，什么都看了，又什么都没记住。放学回家从不贪玩，甚至都不看电视，课外书也不敢随便读，总觉得书本上的知识还都没学会，忙来忙去，还是不会。针对这些同学，大家分析分析他们存在的问题是什么？

（学生自由发言，分析这类学生存在的问题。）

乙：对于学习大家有没有计划？

甲：高尔基说："不知明天该做什么的人是不幸的。"有的学生认为，学校有教育计划，老师有教学计划，跟着老师走，按照学校的要求做就行了，何必自己再定学习计划。这种想法对吗？

乙：看来刚才案例中的学生存在的问题就是不能对自己的学习进行合理的规划，因此忙来忙去总没有收获。

甲：现在大家说说哪些学生学得轻松却成绩突出。

（学生自由发言。）

乙：同学说的都是我们班的优秀学生，他们每天的学习、生活都是有计划的。下面请优秀学生代表展示他们的学习计划。

（几个优秀学生代表展示自己的日计划、周计划以及假期计划。）

甲：正所谓："一年之计在于春，一日之计在于晨。"规划好今天就是对未来最好的规划。

乙：每一天的学习都要有计划，每课课前的预习也很重要。瞧，一个叫萱萱的同学正在写预习笔记，看看他是怎么做的。你对他的做法有什么不同的看法？

（学生看情景剧，发表看法。）

甲：大家都认识到了这样预习的弊端，可当前无论是初中还是小学，这样的预习占绝大多数。

乙：据家长反映，现在的初中生每天写作业要写到11点，甚至是后半夜，而多数是抄写性的作业。

甲：这里也不乏抄写预习笔记的作业，这给学生造成了沉重的学习负担。那到底什么样的预习方式才是正确的呢？让我们看看优秀学生是怎样预习的。

（优秀学生交流自己的预习方法。）

甲：这位同学的做法对你有启示吗？

乙：制订计划也好，课前预习也好，都在学习过程中起重要的作用。你知道比这两样更重要的是什么吗？

（学生纷纷回答“认真听课”。）

甲：对！课堂上可谓是黄金时间。预习中的疑问、作业中的困惑，都会在这里找到答案。但是如果不会听课，那最宝贵的40分钟将被荒废。

乙：现在请各位组长总结一下你们小组成员在听课过程中有哪些不正确的做法。

（各小组组长总结小组成员在听课过程中不正确的做法。）

甲：这些做法导致了什么样的学习成绩呢？

乙：大家说说咱们班哪些同学听课的状态好而且成绩好。

（学生开始提名。）

乙：现在我们就来采访我们班的“常胜将军”倪赫阳同学。

甲：倪赫阳，你的学习成绩在班里名列前茅，连续多次获得班级第一名。你能为同学们介绍一下你是怎么学习的吗？

（倪赫阳介绍自己的学习方法。）

乙：根据倪赫阳同学的介绍，我们总结出了以下几点——

（1）带着预习中的问题听课，提高听课效率。

（2）要和老师互动，便于不溜号。

（3）重点知识记在书上，便于课后复习。

（4）养成善问的习惯，对于新知识多问为什么。

乙：倪赫阳同学上课时的状态是值得大家学习的，如果你像她那样做，相信你的成绩也会提高。那么在学习中你一定有困惑，请根据你自身的情况说说吧。

（学生说出自己的困惑。）

甲：大多数同学都有困惑，那就带着你们的疑问，看看“学霸”的学习秘籍是什么吧！

（“学霸”介绍自己的学习方法。）

乙：“学霸”的学习秘籍你学会了吗？班会马上就接近尾声了，现在来看看大家的收获。我们用现场采访的方式问问吧！

（采访学生有哪些收获。）

甲：我相信同学们通过本次班会一定明白了学习方法的重要性，希望大家能在以后的学习中不断发现好的学习方法。

乙：本次“好学法　好学生”主题班会到此结束。

围绕“好学法　好学生”开展主题班会，目的明确，能帮助学生掌握好的学习方法，提高学习成绩。

（二）微型主题活动设计

微型主题活动是相对于主题活动而言的一种主题教育活动。班主任事务繁多，传统的主题活动准备时间长，实施时间长，有时会成为班主任的负担。而设计微型主题活动，能适当减轻班主任的负担。微型主题活动有这样一些特点：（1）短。用时短暂，力求高效。时间为10分钟左右。（2）快。应变及时，快速行动。（3）小。话题“小”“微”，聚焦明确。（4）灵。方法灵活，课时灵动。

下面是一位班主任设计的微型主题活动。

定规矩，成方圆

一、游戏导入

找两名学生，一人用圆规画圆，一人徒手画圆，并在讲台展示。

学生观察后说想法，班主任引用古语“没有规矩，不成方圆”导入主题。

二、观看视频

播放行人横穿马路、机动车不守交通规则的视频。

学生举手谈感受，班主任借机肯定学生的正确认识。

三、名言欣赏

出示关于规则的名言。

四、分享故事

1. 联想集团原董事长柳传志自觉罚站的故事。

2. 陈宇的《每日十问》。

五、分析班情（小组讨论）

1. 在红纸上写最近班里的好情况，在白纸上写不足的地方。

2. 根据结果（班主任提前做到心中有数），出示相关照片（照片中包含不同时间、不同地点本班学生的典型表现）。此时班内学生都努力地在照片中搜寻自己的身影。

3. 班委会给出对策——“八星”评选（提前进行）。

4. 出示“八星”评选标准及奖励标准，并鼓励学生勇于争星。

六、总结全课

（学生意犹未尽。）

这样丰富多彩、贴近学生生活的活动，哪个学生会不喜欢呢？

（三）例行性活动设计

例行性活动也称常规性活动、事务性活动，它往往是在开学初、期中、期末进行。活动主要内容是讲常规，制订或修订班级公约、班级工作计划、各项规章制度，对期中、期末的考试情况进行分析，等等；主要目的是规范学生行为，确立班级的常规模式，形成班级的正确舆论导向，培养班级的良好班风。其特点有：（1）依据制度办事。活动有程序，任何人都要服从程序进行活动。（2）活动时间可长可短。短的 10 分钟左右，如晨会；任务量大，需要利用集体智慧出成果的可以选择两节课甚至更长的时间。

班级的民主管理主要通过例行性活动实施。可是，部分班主任因没有民主治班的意识，常常把它变成批评课，或是发泄情绪的场所，这样就影响了例行性活动的效果。例行性活动是班级的“政治活动”，是民主管理和自我管理的活动，对于提高学生的民主意识和技能，培养负责任的公民，有着十分重要的意义。

（四）无主题活动设计

我们都知道，班级活动的范围是非常广的，除了主题活动、微型主题活动、例行性活动外，还有无明确主题的活动。如以班级为单位的长跑、课前一支歌、出版班级日报或周报、联欢会、春游、秋游、游戏、知识竞赛等等。这些班级活动，对丰富班级文化和学生的精神生活，增强班集体凝聚力，促进学生全面发展有着重要作用。由于这些活动在形式、内容等方面与主题活动有很大的差别，所以以无主题活动来命名。

无主题活动又可分为两类。一类如坚持全班写日记，坚持全班长跑，坚持课前一支歌，坚持晨诵、午读、暮省，进行安全教育演练等，虽然每次所花时间不多，但它的特点就是如果能长久地开展下去，会对学生产生深刻的影响。

另一类指文体、游戏类活动，这是学生喜爱的活动形式。这类活动要放手让学生去做，让学生享受活动的乐趣，同时达到交流感情，促进班级团结的作用。

四、策划班级活动的基本策略

（一）处理好班主任主导与学生主体的关系

策划班级活动，首先要处理好班主任主导与学生主体的关系。因为班级活动失去班主任的主导，即班主任的策划、引领、组织，活动可能失去方向和深度。但班级活动是学生的活动，是为学生服务的，如果班主任事事、时时、处处包办代替，学生总是被动服从，那么不仅会使学生失去兴趣，班级活动的效能也会大打折扣。

班主任在班级活动中的主导作用主要表现在以下几个方面。第一，班主任是班级活动的总策划者，要有建筑家的图纸、剧作家的头脑、画家的眼睛、音乐家的灵感、导演的掌控。第二，班主任是班级活动的总导演，在活动中要发挥指导作用。第三，班主任是总结班级活动的评论家，要对学生的表现做出评价，发挥引导作用。班主任在班级活动中的主导作用更多地体现在幕后工作上。学生是活动的主人，有效的活动过程能激发学生参与活动的欲望，培养学生的创新意识和创新能力。因此，班主任在组织班级活动的过程中，要多在学生身上着眼，给学生充分的时间、空间，让学生充分发挥创造力，让学生真正成为班级活动的主人。

（二）处理好活动形式与内容的关系

班级活动内容如果太单一，或只是枯燥的说教，学生容易没有兴趣，活动效果自然不好。如果班级活动过于追求形式，只图热闹，总是迁就学生的兴趣，乃至偏离了主题，那么班级活动就失去了意义。所以，班主任组织班级活动一定要处理好形式与内容的关系。为此，班主任平时要注意了解学生、研究学生、塑造学生；在设计、组织班级活动时要考虑如何发现问题、提出问题、研究问题、解决问题；要根据活动的主题和学生的需要来策划活动。

如确定主题时，要将社会需要、教师需要、学生需要三者相结合，将科学性、规律性、时代性相结合，将针对性、预见性、持久性相结合。在形式上，要考虑将他助、互助、自助相结合，将多样性、艺术性、新颖性相结合。让简单有趣的活动代替枯燥乏味的说教。

（三）处理好“繁”与“简”的关系

班主任事务繁多，学校布置的工作都要靠班主任来落实。所以处理好事务性工作和班级活动需要班主任的智慧。

面对繁重的事务，班主任要想做好工作，就要寻找规律，如传统的主题活动，准备时间长，实施时间长，还可能因“过分准备”出现形式主义现象。所以，班主任可以在班级活动的“繁”与“简”上开动脑筋。

首先，简化各种班级活动。开展班级活动的时间是相对固定的，用于一种活动的时间多，就会挤占另一种活动的时间。对于班主任来说，主题教育活动太费心，无主题活动不放心（总怕学生“玩”多了），例行性活动最省心。因此，例行性活动会相对多一些，但这不利于发挥班级活动的积极作用，甚至会降低班级活动的吸引力。因此要想真正实行班级民主管理，发挥班级活动的功能，提高班级活动的效率，班主任要尽可能均衡分配几种活动的时间。

其次，把班级活动与学校开展的其他活动密切结合，把能合并的合并，能取消的取消。尽可能简化活动程序，控制班级活动次数。每一次活动都要保证质量，充分发挥其作用。

设计、组织班级活动是班主任工作的一项重要内容，班主任把这件事做好，不仅会把班级管理得有声有色，也能拉近师生关系，共同创建出优秀的班集体。

第7章

如何开好主题班会

什么是主题班会？所谓主题班会，是指在班主任的指导、组织下针对班上的某一问题，召开的班级会议。它既是班主任对学生进行教育的一种重要形式，又是学生进行自我教育的一种有效途径。

一次好的主题班会，会促进学生对人生、社会、家庭、学校和个人生活中各种问题的思考。充满魅力的主题班会能促进师生之间、生生之间、亲子之间的关系，对一些问题，特别是一些带有普遍性的热点、难点问题，能够有效地予以解决。

如何开好主题班会是一门艺术。但在实际工作中，由于有些班主任对这门艺术重视不够，使这个本应充满魅力的活动不尽如人意。究其原因，通常表现为以下几个方面。

1. 无主题

主题班会，顾名思义，一定要有主题，就是大家围绕一个中心议题，求同存异，最终达到思想认识上的一致，但有些班会没有主题，针对性差。具体召开时，或一团乱麻，或偏离主题。

2. 包办代替

主题班会虽然需要班主任的指导帮助，但主要还应是班委会和全班学生的积极主动参与。有的主题班会全由班主任一人包办——设计好教案，安排好发言的学生、提问题的学生，整个班会像一台机器在“运转”，成了班主任或某几个学生的“一言堂”“独角戏”，或成了“表扬会”“批评会”“总结会”，这样的主题班会学生的积极性肯定不高。

3. 放任自由

有的主题班会从一个极端走向另一个极端，班主任以“学生自治”为由，将主题班会全交给学生，并以“全是学生负责”为荣。这样的主题班会因为缺乏班主任的指导，在选题、组织、整理资料与提炼主题上欠细致，存在应付了事、为完成任务而开展班会的现象，大大降低了主题班会的作用。

4. 缺乏趣味

班会主题的确定要从实际出发，既要有利于集体的形成与发展，又必须是班内大多数学生所关心和感兴趣的话题，还要有一定的深度。但是有的主题班会不符合学生的身心发展特点、思想发展水平，没有结合学校、家庭和社会实际进行组织、设计，无法获得学生的共鸣，自然也很难取得良好的效果。

5. 学科教学

主题班会是“班会”，不是“课”。有的班主任按照课堂教学的模式进行，仅把学生获取某方面的知识作为目的，把“班会”上成了“学科课”。

6. 缺乏计划

教育是一个由易到难、由浅入深、由小到大、由近及远的迂回曲折的教育过程，它是有规律的，要考虑学生的年龄特点、家乡地域文化、班级或学校实际等。因此，主题班会是“系列教育课”，不是“随心所欲课”。确定班会主题时既要有系统的计划，又要有机动灵活的调整，而不能东一榔头西一棒槌，随心所欲地确定班会主题。

那么，如何才能打造出充满魅力的主题班会呢？

一、计划——体现系统性

有魅力的主题班会，一定是根据学生的年龄特点，有计划地制订的由低到高、由浅入深的螺旋式循环上升的系列主题班会。一个学期，一个学年，班级要举行多少次主题班会，主要内容是什么，班主任应有全盘计划。如高一上学期可以开展的主题班会内容有意志教育、常规纪律教育、班级目标议定、班风建设、学法探索、早恋问题等。一次主题班会，开得再好，也不可能将一个问题全部解决，班主任不能认为一次主题班会结束，就是某个方面教育的终结，班会主题要有连续性，要系统化，通过一系列主题班会解决一类问题。

二、扣题——体现主题性

主题班会除了要根据学生不同的年龄阶段选择主题外，还要根据本班的实际情况确定主题。例如，爱国教育、尊敬师长、感恩父母、悦纳自己、阳光心理、团结协作等都可以成为班会的主题。

作为班主任，还要根据教育要求确定班会主题。应将“我为国家育英才”作为自己的职责，认真学习党和国家的教育方针，认真学习教育部和地方教育行政部门的有关文件，思考工作的重点，明确各学段的教育重点，从而把握好方向，确定适合的班会主题。

另外，确定班会主题要抓住时机。新颖的题材，可以赋予班会鲜活的生命力。如“中国梦，我的梦”、核心素养、必备品格、心理健康、人际交往等主题，班主任都应该认真研究，善于发现并把握有利的因素，使班会内容更切合学生当时的心理。

班主任要真正发挥主题班会的教育作用，切忌把主题班会开成“检讨会”“批评会”。实践还启示我们，班会主题应做到“小”（切口要小）、“近”（贴近生活）、“实”（话题实在）、“新”（新鲜题材），如“学会拒绝，快乐生活”“为了明天，青春自护”等学生关注的主题。

三、参与——体现主体性

班主任在主题班会中的角色应是指导者、策划者、组织者，是教练，而不是运动员，万万不可唱“独角戏”，凡事不可越俎代庖。班主任应鼓励学生积极创新，征集金点子、发布招贤令、实施小组承包制等，都是有效的做法。在激发学生积极性的同时，班主任还应对学生予以指导，师生共同努力，才能上好班会课。

湖北省长阳县实验小学班主任曾晓云谈了自己的体会。

作为德育工作的主阵地——班队课，是班主任必上的课，也是最不可随意应付的课。但每周一节的密度，难免会让我“黔驴技穷”，选不出什么实用的主题，拿不出什么新鲜的方案。于是，我把目光转向学生，让他们开动脑筋帮忙出点子，并在适当指点的前提下，把确定主题、设计方案及主持的权利交给学生，“宽容让你我美丽”“我想做个乖孩子”“做个好同桌”“才艺大展示”等主题应运而生；讲故事、朗诵会、做游戏、吹拉弹唱等形式层出不穷。我在享受轻松的同时，发现这些由学生主办的班队课，一改以往老师主办时的严肃、拘束和说教，变得充满活力，贴近学生生活，学生在愉快的氛围中接纳着真、善、美。

一节成功的主题班会，应是师生之间就共同关心的话题进行频繁交流、双向互动的结晶。如果主题班会只是班主任的说教或少数学生的演讲，大多数学生没有表达自我的机会，那么，就不可能真正触及学生的心灵深处，其教育力的苍白可想而知。相反，让学生参与主题班会的全过程，不仅能满足学生自我表现的需要，更主要的是可以营造开放的环境，使学生通过思想的交流、撞击、对接，产生深刻体验和情感共鸣，从而自然地把德育要求内化为自己的信念。因此，班主任要注意主题班会过程中的民主与平等，要给学生参与的时间与空间，要激励学生积极投入班会活动中。

主题班会要紧紧围绕学生摆事实，讲道理，引导学生通过探究、交流、反思、评价，使其思想认识得到统一，道德、情感得到培养。

四、流程——体现精密性

主题班会活动的内容设计，实际上是在确定主题和活动目标的基础上，进行材料的选择及活动流程的安排。在设计过程中，班主任要考虑这样几个问题：为了完成活动目标要设计哪几个活动？每个活动要安排哪几个程序？每个程序安排什么内容？采取什么形式？哪些活动安排什么话题？这些话题学生会怎样回答？可能出现什么问题？应该怎样处理？各个活动如何连接（主持词）？在每个活动中班主任扮演什么角色？

班主任应注意主题班会的设计、动员、准备、实施、总结的全过程环环相连、丝丝入扣，特别是要适时引导学生紧紧围绕主题开展活动，使主题集中，结构紧凑。主持词要紧扣题目，内容充实，感情丰富，富有感染力和鼓动性。

实际上，学生准备主题班会的过程就是受教育的过程。班主任应抓住这个教育契机，及时总结，巩固成果。主题班会将要结束时，主持人一般会邀请班主任做小结。小结应突出中心，肯定成绩，总结经验，指出不足，言简意赅，具有启发性、鼓舞性，给学生留下鲜明而深刻的印象。会后，班主任除了要及时检查教育效果外，还应将本次班会的主题渗透到今后的德育工作中，使学生的收获得以巩固和提高。

一般来说，班会课的结构主要有以下四种。基本结构：主题导入、剖析展开、感受提升。纵式结构：整个活动环环相扣，前一个活动是后一个活动的起点和基础，后一个活动是前一个活动的继续和深化。横式结构：围绕主题，从不同侧面加以反映。纵横交错结构：系列活动之间更多地表现为纵横交错结构。

五、形式——体现多样性

学生喜欢求新求异，单调古板、一味灌输、说教式的主题班会会让学生厌烦。班主任应动脑筋、想办法，设计多种多样、新颖别致的班会形式。如模拟式，即模拟某种具体生活情境，让学生身临其境，从中受到感染和启迪；咨询式，即请任课教师、学生代表、心理专家等为学生释疑解难。其他形式如演讲、讨论、座谈、辩论、讲故事、散文（或诗）朗诵、合唱、舞蹈、相声、快板、小品、宣誓、智力竞赛、语言大汇串、技能表演等。

班主任还可以组织微型主题班会。微型主题班会是一种教育目标明确，针对性强，花费时间少（10分钟以内），解决问题及时，形式自由、灵活的班会形式。

如班主任刘强加入学生创建的QQ群后，发现女生的昵称前都加了“女汉子”三个字。为了让学生了解什么才是真正的“女汉子”，如何成为受欢迎的“女汉子”，他组织了下面的微型主题班会。

刘老师先是给学生解释了网上不同版本“女汉子”的定义，描述了“女汉子”的负面形象，然后给学生看一张图片《男生眼中的“女汉子”》。

图片中间是一个很漂亮，有着长头发的女孩子。标题是“男生眼中的‘女汉子’”。旁边有注释：外表干净利落，不化浓妆；思维活跃，神经大条；肤色健康，总是开怀大笑；心胸宽阔，不记仇；勇敢，喜欢户外运动；可以自己换灯泡，修自行车。

这是贴吧里的一张“神帖”，此帖一出，引得众人跟帖，不少女生自称“女汉子”，还有不少男生嚷着“喜欢‘女汉子’”“希望找一个‘女汉子’做女朋友”。看来这样的“女汉子”是非常受人欢迎的。班里的女生激烈地讨论起来，决定要做真正的、积极的“女汉子”，做有特点的优秀“女汉子”。

刘老师最后总结道：“大家都明白应该做一个什么样的‘女汉子’了吗？女孩子自称‘女汉子’说明你们希望独立，不愿意按照社会的标准来约束自己，不想随波逐流，能够这样自称的女生，其实是心理健康的表现。但不能一切都以‘女汉子’自居，如果为了当‘女汉子’而丢失了女性的特点就不可取了。女性具有温柔、体贴、善良、内敛、含蓄、细心等特点，这些不能为了当‘女汉子’而被全盘否定，‘女汉子’再加上女性特有的特点，才堪称完美啊。”

学生们一片欢呼。

微型主题班会的设计方式很多，如素材运用型、随机生成型、情境创设型、活动体验型、事务安排型、总结评价型等，班主任可根据需要灵活选择。

附：

青春使命，“疫”起抗疫

——生命教育主题班会

【班会背景】

“疫情就是命令，防控就是责任。”疫情当前，学生需要和时代同频共振。他们见证了在疫情面前，以生命护卫生命的英雄，也看到了个别人在生命保护方面的淡漠意识。教育部办公厅、工业和信息化部办公厅联合印发《关于中小学延期开学期间“停课不停学”有关工作安排的通知》，指出：“坚持国家课程学习与疫情防控知识学习相结合，注重加强爱国主义教育、生命教育和心理健康教育。”为此，我们有必要给学生上一节“生命教育”主题班会，引导学生感悟生命的美好，敬畏生命，珍爱生命，成长为生命的捍卫者。

【班会目标】

1. 教育学生认识生命，感悟生命的美好。

2. 引导学生思考生命有时很脆弱，继而懂得敬畏生命。

3. 让学生感悟到我们的党和政府、我们伟大祖国的每一个人，都是我们生命的捍卫者，从而珍爱生命，勇于担当。

4. 学习疫情防范相关知识。

【班会流程】

一、认识生命

1. 谈话导入，认识生命。

（播放美好大自然的小视频。）

同学们，当我们看见小草翠绿、树影婆娑时，听到虫鸣鸟叫、欢歌笑语时，闻到草木清香、百花芬芳时，我们感受到的是万物的欣欣向荣，大自然的缤纷多彩。请同学们用一句话来描述生命的美丽。

（学生用一句话描述生命的美丽。）

2. 分享两个故事，让学生感悟生命的来之不易。

引导：因为不易，山间的竹笋拼命地从土壤里、石缝中往外钻；因为不易，路旁的小草虽屡遭践踏，但仍顽强不屈地向上生长；因为不易，树上的鸣蝉历经地下四年黑暗的生活，竭尽全力演绎着美妙的歌唱。

引导学生感悟：生命是美好的，有含苞欲放的花朵，又有壮丽清新的清晨。生命带给我们的是美丽的憧憬，是热烈的向往，是执着的追求。

3. 引导学生思考：有时候生命又是脆弱的。（出示 PPT）

在这次疫情中，死亡一下子赤裸裸地被摆在了每个人面前，我们也许会感到恐慌、担心、焦虑和愤怒。如何正确看待生命、看待死亡，是每个人都应该思考的问题。国际精神医学大师欧文·亚隆曾将征服对死亡的恐惧这一过程比作“直视骄阳”。他曾说过：“直面死亡会引发焦虑，却也有可能极大地丰富你的整个人生。”

就眼前这场抗疫之战中，我们再次感受到了生命的脆弱，一个小小的病毒，竟然可以使成千上万人陷入生命危机。

二、敬畏生命

1. 引导学生思索。

这场惨痛的教训警示我们，在大自然面前，人类是渺小的。我们要敬畏生命、善待生命。我们要与大自然和谐共处，倾听大自然不同的美妙声音。

提示学生：诺贝尔和平奖获得者阿尔贝特·施韦泽就提出了“敬畏生命”的理念。（出示 PPT）

2. 引导学生讨论：这个世界到底怎么了？了解近年来的自然灾害。

新冠肺炎疫情，澳大利亚丛林大火，美国流感，东非蝗灾，全球多处地震……漠视生命、破坏生态平衡带来的惩罚已经开始显现。

3. 让学生反思沉痛现实：全球变暖、海洋垃圾、超级病毒、肆意捕杀等各种因素带来的是对我们美好生命的威胁。

总结：大自然不需要人类，而人类需要大自然！敬畏世界上的每一种生物，就是敬畏我们自己。善待自然，就是善待我们自己。

4. 链接：2020 年 2 月 24 日，十三届全国人大常委会第十六次会议在北京举行。会议表决通过全国人大常委会关于禁止非法野生动物交易、革除滥食野生动物陋习、切实保障人民群众生命健康安全的决定。（出示 PPT）

三、守卫生命

1. 引导学生回顾：一场突如其来的疫情打破了我们原本平凡幸福的生活，春节不能欢聚，企业不能正常开工，学校不能按时开学……（结合数据让学生体会疫情的严重性）

2. 引导学生思考：谁是我们美好生命的捍卫者？学生自由发言。

明确：我们的最美逆行者，毅然奔向抗疫前线，守卫我们的生命，他们是时代的英雄，更是我们美好生命的捍卫者！（出示 PPT）

80多岁的钟南山院士告诉大家不要去武汉，自己却以最快速度上了“战场”；武汉金银潭医院院长张定宇，身患渐冻症，依然每天带领医护人员“保卫武汉”，连续30多天奔走在抗疫一线。还有全国各地的医护工作者，写下请战书，不计报酬，无论生死……

寒风瑟瑟，路上人烟稀少，只剩下星星点点的“小黄人”“小蓝人”，他们穿梭在大街小巷，留给我们的只是一个个逆风骑行的背影。快递员们默默无闻，只为给不能出门的人，送去一份温暖！

还有一群背影，我看不到他们的真实面目，只知道他们是新闻报道的书写者，他们是图片影像的记录者。他们为民生福祉急急奔走，为城市建设悉心勠力，为国家发展鼓劲呐喊。疫情面前，总会有他们的背影，他们不是不惧危险，只是为了传播最真实的声音！

解放军战士、公安民警、社区工作者、基层干部，以及许许多多志愿者，他们甚至没有防护服，没有护目镜，仅靠着一个口罩，和一颗为民服务的心，奔走在防疫工作的第一线，用沙哑的声音、忙碌的身影在疫情防控战场上筑起一道道“防疫墙”。他们虽然平凡，但也是英雄，也是我们美好生命的捍卫者。不同的职业，共同守护着这个国家！他们是有情有义有担当的中国人！

以火神山医院十天内成功建成为例，在“中国速度”的背后，包含着无数人的努力。无论是我国各个省份对湖北输送的救援团队和物资，还是其他国家对中国的帮助，都可以让学生更好地理解：一个人的生命也许脆弱，力量也许有限，但无数人的生命共同汇聚的力量是无穷的。

3. 学生一起欣赏视频：歌曲《为了谁（抗疫版）》，感悟祖国的伟大，感恩我们美好生命的捍卫者！

四、珍爱生命

1. 课堂活动。

小组交流汇报：说说你在抗击疫情期间，是怎样珍爱生命的。（PPT展示部分学生居家抗疫的照片）

2. 班主任通过漫画与讲解相结合的方式，向学生介绍科学防疫知识。

3. 学生活动，展示如何洗手，如何戴口罩，如何摘口罩。

4. 让学生补充相关知识。

（1）什么样的消毒液有用？

（需要特别注意的是，洁厕灵+84消毒液会产生有毒的氯气，千万不要混用！）请学生介绍他们知道的消毒液，班主任补充。

（2）居家或到校后如何做好日常消毒？

空气消毒：每日开门窗通风2~3次，每次不少于30分钟；有条件的可使用循环风空气消毒机，注意严格按照说明书使用。

手消毒：在流动水下用洗手液或香皂洗手即可。

物品消毒：常见物品，做好清洁最重要，必要时进行消毒，推荐热水浸泡、煮沸消毒或消毒剂消毒等方式。

5. 给学生3分钟思考时间：作为新青年的你们，应该怎么办？

明确：让学生明白，我们应该去拥抱人生的所有体验，去创造和经历，去感悟爱与失去，去收获更有意义的人生。正因为生命有限，我们更应该不负今朝。曾几何时，“90后”被称为“垮掉的一代”，在父辈眼里，他们叛逆、自私、任性、缺乏责任感。南京大学教育研究院曾以“90后”为关键词，分析631条网络新闻后发现：舆论对“90后”的负评超过一半。“90后”曾经给人吃不了苦的印象，他们过于追求自我与自由。

可是在2020年新冠病毒蔓延全国的严峻形势下，在抗疫战争吹响号角后，“90后”们争先恐后地奔赴一线，用他们尚且稚嫩的身躯扛起时代的重任，成为抗疫主力军，誓死保卫人民，跟疫情战斗到底，用热心、爱心和责任心重新定义了“90后”。

五、班主任寄语

疫情当前，这场没有硝烟的战争给我们带来了太多的思考，对我们而言，这无疑是一本鲜活的教科书。我们看到了生死，看到了敬畏，看到了合作和力量……让我对生命教育的意义有了新的认识。我们每个人，都应该用善良和敬畏对待其他生命，用更好的自己拥抱这个世界。

【班会反思】

疫情面前，我们相信人类的智慧与力量；学生面前，我们凸显师者的风范与坚强；国家面前，我们展示吾辈的责任与担当。结合此次疫情，把生命教育中能触动学生内心，给学生带来思考的问题做成主题班会，搜寻可以利用的素材。我们将“生命”划分为自然生命、精神生命和社会生命三个方面，由此进一步提炼出认识生命、敬畏生命、守卫生命、珍爱生命四个主旨。

生命的长度是有限的，生命的终点是相同的。帮助学生正确认识死亡，是为了使学生理解生命的可贵，更好地感悟生命；而引导学生正确地对待自己的焦虑，学会接受苦难，则有利于他们收获更有意义的人生。

在帮助学生理解生命的脆弱后，要进一步引导学生发现生命的坚强和力量。这次疫情就为我们提供了鲜活的例子，无论是在隔离病房出生的健康婴儿“小汤圆”，还是在病情好转后说出“打倒病魔”的危重患者，或是即使害怕仍奋战在最前线的医护人员，都让我们感受到生命的力量。

珍惜生命，首先要做到爱惜、保护好自己的生命，在疫情严峻的今天，做好科学防护尤为重要。因此，在这一环节还要通过各种方式向学生讲解科学防疫知识，使学生从敬畏人类的生命转向敬畏自然界中所有的生灵。此次新型冠状病毒与2003年的SARS病毒、非洲的埃博拉病毒一样，都来源于野生动物。有些人将魔爪伸向了野生动物，以满足自己的欲望，却不知道野生动物早已将恶果反弹给人类。这次的灾难无疑是自然界给人类上的沉重一课。枪响之后，没有赢家。当人类高高在上，企图打破人与自然的平衡，蔑视其他生灵时，人类也会受到自然的惩罚。

学生是独立的个体，是活生生的人，尊重他们的人格与个性，鼓励他们在追求生命的意义的过程中，通过良好的自我生命规划与管理，成为更好的自己，实现自己的生命价值，收获幸福的人生。希望我们每个人都能用善良和敬畏托起生命之重，用更好的自己面对世界。

生命教育不同于其他主题教育，它是用生命影响生命的教育，是一项涉及学校、家庭、社区和全社会方方面面的系统工程，若想进一步将生命教育落实好，需要来自家庭、学校、社会等各方面的合力。

育人智慧篇

第 8 章

学生思想工作的智慧

教师是人类灵魂的工程师，其作用真正体现在学生思想方面。著名教育家陶行知“四颗糖的故事”大家耳熟能详。

陶行知先生在担任一所学校校长时，一次，他看到学生王友用泥块砸同学，当即制止，让他放学后到校长室。

陶行知来到校长室，王友已等在门口准备挨训了。没想到陶行知却给了他一颗糖，并说：“这是奖给你的，因为你很准时，我却迟到了。”王友惊疑地瞪大了眼睛。陶行知又掏出第二颗糖对王友说：“这第二颗糖也是奖给你的，因为我不让你打人时，你立即就停止了。”

陶行知又掏出了第三颗糖：“我调查过了，你砸那些男生，是因为他们不遵守游戏规则，欺负女生。你砸他们，说明你很正直善良，而且有跟坏人做斗争的勇气，应该奖励你啊！”王友感动极了，哭着说：“陶校长，你打我两下吧！我错了，我砸的不是坏人，是自己的同学……”

陶行知马上笑着掏出第四颗糖：“因为你正确地认识错误，我再奖励你一颗糖……我的糖分完了，我们的谈话也结束了。”

陶行知先生这样做既没有伤害学生，又教育了学生，这种润物细无声的教育是多么有智慧呀！陶行知先生善于发现学生的闪光点并巧妙激励，用四颗糖化解了学生心中的愤怒、自责、恐惧和羞愧，如同一道光照亮了学生。这普普通通的四颗糖，在陶行知先生手中似乎有了生命。

班主任每天都会遇到大量思想教育工作，如果不讲点智慧和艺术，往往很难取得良好的效果。那么，班主任的思想政治工作应该讲哪些智慧和艺术呢？

一、以爱动其心，以严导其行

精诚所至，金石为开。班主任教育教学工作的成效与艺术，首先源于对教育事业的钟情和对学生深沉的爱。班主任情感魅力的核心体现就是爱。爱是一种信任，爱是一种尊重，爱是一种鞭策，爱是一种激励，爱是一种能触及灵魂、动人心魄的教育过程。

全国优秀班主任于洁有一个感人的教育故事——《特别的生日礼物》。

班里有一名女生的父亲在一次车祸中丧生，她和妈妈痛不欲生，很长一段时间都无法走出失去亲人的阴影。父亲走了竟然连句遗言都没留下，这个女生一直耿耿于怀。于老师作为她的班主任一时间也束手无策。一个偶然的机会，于老师翻开家校联系本，发现了这位父亲写下的大量文字，于老师感觉找到了沟通的突破口。她把这些宝贵的文字作为生日礼物送给了那名女生，帮助她走出失去亲人的痛苦并重新建立起对生活的希望。

“我从来没有想到家校联系本会成为一个父亲留给女儿的绝笔，留给女儿的永远念想。那一瞬间，我觉得自己所做的一切竟是如此有意义，上天借我的手把深深的父爱永久地放在了那个女生的心里。”这是于老师发自内心的感慨。

感叹于于洁老师的细心，是其细心与爱心给了学生站起来重新面对生活的勇气。

英国数学家罗素认为：“凡是教师缺乏爱的地方，无论品格还是智慧都不能充分或自由发展。”没有爱就没有教育，班主任唯有心中装着学生，尤其是后进生，才能唤起他们奋发向上的勇气、信心和激情。当然，班主任对学生的爱不是一种简单的爱。正如魏书生老师说的：“想爱还要会爱。如果不会爱，原来想爱，后来也会变得不爱。”班主任对学生的爱应比父爱更广博，比母爱更细腻，比情爱更无私，是一种无私奉献的“理智爱”。

但光爱不严，无原则地爱和纵容也会影响教育效果。一个优秀的班主任要宽严有度，对待学生，要以爱动其心，以严导其行。新接班必须先严格管理。这里所说的严绝不是厉声厉色斥责，而是毫不松懈地培养各种好习惯。班主任让学生懂得了规矩，然后再去抛洒爱。宽严有度，给予学生好的教育。

二、最成功的教育是自我教育

什么是自我教育？即在自觉的基础上，通过批评和自我批评，提高认识，改造思想，接受教育。上海市闸北第八中学校长刘京海说：“每个学生都是自我塑造的，教师和家长不能塑造学生，教师和家长能够影响学生，其中最大的、最重要的影响恰恰不是知识、能力，而是在教学过程中着力影响学生的自我概念、自我认识和自信心。”做个智慧的“懒”班主任有什么不可以呢？

湖北长阳土家族自治县实验小学班主任曾晓云讲过这样一个故事。

有一次，两个男生又打架了，我把他们叫到办公室，心想，这次得换个解决方法。于是，我和颜悦色地对他们说：“今天老师很忙，你们自己解决问题吧！”说完，我便批改起了作业。醉翁之意不在酒，我的心思其实也没在批改作业上。我一边若无其事地批改作业，一边偷听他们俩的对话。两个孩子各自说着自己错在哪里，比站在老师面前接受批评时说得主动多了，深刻多了。然后他们互说“对不起”，我看火候已到，便把他们两人叫到跟前，看到他们在我面前握手言和，就让他们离开了办公室。看着他们一身轻松地走出办公室，我不禁窃喜：没费口舌，没有训斥就解决了问题，放弃一次“权利”也值啊！我从中悟到，与其强加给学生一种正确的做法或思想，还不如想办法让学生主动接纳。自从有了这个“偷懒”的小窍门后，我的班主任生活一下子从“山重水复疑无路”的困境，转入“柳暗花明又一村”的新天地。我不禁感叹：做个智慧的“懒”班主任，真好！

没有自我教育就没有真正的教育，因此要培养受教育者自我认识、自我监督和自我评价的能力。

三分教诲，七分等待。三分教诲，指教诲要适量，说教过多，学生会产生逆反心理，效果反而不好。七分等待，指班主任对学生要有耐心，如果急躁，便会与学生产生矛盾。教育有时需要等待，需要学生亲身体验，甚至需要学生走些弯路，摔几个跟头。学生成人成才，需要时日和世事的打磨，绝不可能一蹴而就。揠苗助长，只会得不偿失。

三、善于捕捉教育时机

无论做什么事情，掌握“火候”才有成功的希望。种庄稼要抓“农时”，打仗要抓“天时”、抓战机，塑造和转化学生，也要善于抓住教育的“时机”。那么，什么是教育的时机呢？所谓教育时机，就是针对学生的心理特点选择和运用最合适的教育方法和手段，在最有效、最易发生作用的时间进行教育。《学记》中说：“当其可之谓时。”意思是说教育工作必须适时进行，过早或过迟必然是“勤苦而难成”。不合时机的教育，达不到预期的效果。

那么，班主任怎样去捕捉教育时机呢？

（一）“开端”之际捕捉

凡事都有一个开端。一学期、一学年的开始，特别是新生入学时，面临新学校、新教师、新同学和新学习任务，每个学生都会产生新的想法。如果班主任能够抓住这些最佳时机，实施正确的教育和引导，就犹如春风化雨，可使学生茁壮成长。其他如辞旧迎新之际，庆典活动之时，学生处于良好心境、精神振奋状态，也是激励学生发奋进取、立志向上的最好时机。

（二）重大事件发生之际捕捉

发生重大社会事件时，多是进行思想道德教育的最佳时机。例如，借助中国奥运健儿载誉归来等重大事件，对学生进行爱国教育。学校应充分发挥教导处、学生处、团委、少先队、班委会等的作用，以重大事件为契机，不失时机地开展各种活动，对学生进行教育。

（三）典型范例出现之际捕捉

班主任要善于从社会生活中捕捉具有时代特点的道德典范，为学生树立学习的榜样。特别要注意从典型人物和事例中选取与思想道德教育内容密切相关且符合学生年龄特点和心理特点的样例，对学生进行思想道德教育。同时，要提高学生对道德是非的判断和评价能力以及对腐朽思想侵蚀的抵制能力。也可以借助反面的人物和案例，让学生进行分析、讨论，从而提高学生的认知水平。

（四）“苗头”之际捕捉

所谓苗头，就是学生的思想认知尚处在萌芽状态，行为表现稍有端倪之时。苗头出现，正是教育的关键时机，班主任一定要及时捕捉，对学生进行教育引导。《学记》中说：“禁于未发之谓豫。”也就是在学生不良行为发生前，就予以防止，就是人们常说的把问题消灭在萌芽之中。苗头有好坏之分，对于坏的苗头，要禁于未发，而对于好的苗头则应及时引发。苗头是量变的开始，质变的准备。班主任只有抓住了苗头这个关键时机，才能赢得教育的主动权。特别是学生出现的缺点、错误，如果等问题由小变大了再去解决，等形成了某种恶习再去矫正，就真的是“勤苦而难成”了。

（五）“更师”之际捕捉

“亲其师，信其道。”有些学生的不良行为表现与师生关系紧张有关。有些学生由于长时间对教师存有成见，头脑中产生了“意义障碍”，所以总会对教师的要求“反其道而行之”。一旦更换教师，他们便会一反常态，对新教师抱有很大希望，渴求得到新教师的理解、信任和尊重，悔过自新、发愤图强的自我进取心便油然而生。因此，更换教师之际往往能成为转变问题学生的好时机，班主任如果能抓住这一时机因势利导，就可能使某些学生产生令人惊奇的转变。许多新接班的班主任转变后进生正是抓住这个时机获得成功的。

（六）“闪光”之际捕捉

当学生因成功而获得荣誉和嘉奖时，也是对其进行教育的最佳时机之一。班主任要使他们能够正确地对待成功和荣誉，并能从中获取更大的动力，继续前进，而不是骄傲自满，故步自封。班主任要善于发现和捕捉后进生的进步和成功，哪怕是微小的闪光点，也要以此为契机，及时予以肯定，使他们获得成功的体验，激发他们的上进心。

（七）“受挫”之际捕捉

俗话说：“平时一席丰盛宴，不如漂母一饭恩。”难中相助，如雪中送炭，令人终生难忘。学生在家庭、学校、社会中难免会遇到挫折，这会给学生带来失望、压抑、沮丧、苦闷等负面情绪，对其学习和身心健康发展都会产生不良影响。这时学生最需要他人的关心和帮助。不论从心理上还是从思想上，班主任都应抓住这一教育时机，帮助学生从心理困惑中解脱出来。有些优秀班主任之所以能够打开“刀枪不入”的学生的心扉，就是在学生遭遇挫折危难之时，关心学生，思想上予以开导，生活上给予帮助。此时的帮助不仅使学生摆脱了心理困境，还能使学生对自己在思想品德方面存在的问题幡然醒悟，从而改过。

（八）“负疚”之际捕捉

“人非圣贤，孰能无过”，更何况正在成长中的学生呢。有些学生闯了祸，犯了错，会有一种负疚感，特别是初犯错误和品学较好的学生，负疚的心理尤为突出。此时，班主任应该不失时机地进行引导，帮助学生找出原因，总结教训，把负疚的情感体验化作改正错误的具体行动。

当然，教育的最佳时机远不止上面列举的几种情况，班主任要运用教育智慧及时捕捉教育时机。

四、一把钥匙开一把锁

人心不同，各如其面。每一个学生都有独特的心理世界。做学生的思想工作，班主任应设法“一把钥匙开一把锁”。

世界上找不到完全相同的两片叶子。学生的个性也千差万别，有的学生鲁莽好动，有的学生稳重喜静，有的学生活泼开朗，有的学生细心谨慎。学生个性上的千差万别就决定了班主任不能用一种方法来教育他们，教育方法要具有多样性，要因材施教。

中医治病讲究望、闻、问、切，多角度了解病人情况。班主任教育学生也要先了解学生，这是教育好学生的前提，是因材施教的前提。气质类型是学生个性的重要组成部分，如果班主任掌握了学生的气质特点，就能大大提高教育工作的成效。

所谓气质，近似于日常说的性情和脾气，如有的学生脾气暴躁、容易激动，有的学生是慢性子等，这就是不同气质的不同表现。因此，班主任应该多学习一些心理学知识，在做学生思想工作时先研究、确定学生的气质类型，再采取相应的教育措施。

对不同气质类型的学生应该怎样进行教育呢？大量实践证明，对不同气质的学生，采取以下不同的教育方法效果会好一些，请参看表1。

表1　对不同气质的学生的教育措施

气质类型	优点	缺点	教育措施
胆汁质	勇敢、坦率、热情、进取	粗心、粗暴、冒失、刚愎自用	不轻易激怒，耐心启发引导，培养自制能力
多血质	活泼、机敏、开朗、善交往	轻浮、不踏实、感情不深挚、无恒心	不放松要求，总让他们有事做，养成专一精神
黏液质	稳重、冷静、实干、坚韧不拔	冷漠、固执、拖拉	不以冷对冷、求之过急，给予足够的反应时间
抑郁质	细心、谨慎、谦让、温和、有想象力	怯懦、多疑、孤僻、无自信心	忌公开指责，要关怀体贴，激发自信心，适当降低和调整要求

这些经验在学校里普遍适用。如课堂提问时，有的学生总把手举得高高的，甚至不等教师指名就擅自回答；而有的学生则从不举手或很少举手，被叫起来回答问题时，往往脸红心跳，一时答不出来。前者大多数是多血质或胆汁质学生，后者往往是黏液质和抑郁质学生。有经验的班主任，面对不同气质的学生一般会采取不同的方式对待。对于胆汁质的学生，不要每次都让他们先发言，要示意他们耐心等待或想好再回答，答错了不过分训斥，以免引起其强烈的对抗情绪；对于多血质的学生，既要保护他们发言的积极性，

还要对他们的发言提出更高的要求；对于黏液质的学生，则晚一点儿叫他们，让他们有充分思考的时间，或让他们订正别人的错误；对于抑郁质的学生，最好事先帮助他们做好准备，有意提出简单的或他们回答有把握的问题，只要他们敢于发言，即使答得不理想，也要予以鼓励。这样，不仅适应了学生的特点，还能帮助他们克服缺点，达到因材施教的目的。

五、理解和运用惩罚教育

学校中流传着这样一句话“好孩子是夸出来的”，是说对学生要多表扬，多鼓励、多赏识。这一点我们不否认，但对学生是不是可以适当惩罚呢？如果说可以，又该如何惩罚？都有哪些惩罚方式呢？

苏霍姆林斯基认为，在目前的社会道德状况下无论实行什么样的纪律都离不开惩罚。惩罚也是一种教育，它是说服教育的必要补充。

2019年年底，教育部发布了《中小学教师实施教育惩戒规则（征求意见稿）》，意见稿将惩戒行为分为四级：一般惩戒、较重惩戒、严重惩戒和强制措施。一般惩戒包括惩罚性运动、罚站或面壁反省、留校教导、暂时隔离等，只是要求罚站或面壁反省不得超过一节课；较重惩戒包括暂停学生参加课外活动、承担校内劳动、隔离反省、家长陪读等；严重惩戒包括不超过一周的停课、限期转学等。同时，意见稿对教育惩戒也画出了红线：禁止击打、刺扎、过度罚站、反复抄写等体罚行为；禁止辱骂及因个人情绪好恶恣意实施或者选择性实施惩戒等。对校园霸凌一类的恶性行为，没有人会反对实施教育惩戒，甚至是严重惩戒。

教育惩戒是为了达到教育目的，依法对学生失范行为进行管理，促进学生合范行为产生和巩固的一种教育手段。从消极方面来说，它可避免学生再次做出失范行为；从积极方面来说，它可促进学生养成良好习惯，维系社会稳定和促进社会发展。教育惩戒是惩戒的一种特殊形式，有其独特性。一般惩戒以惩罚失范行为为目的，教育惩戒则以培养人为目的。①

班主任在教育教学中可不可以用惩罚呢？回答应该是肯定的。但长期以来，教育教学实践中许多不当惩罚产生的消极效应使社会上很多人以否定的心理偏执地看待惩罚，贬低惩罚教育的必要性和有效性，认定它是不道德的教育形式，因而谈“罚”色变——

① 严从根．让教育成为惩戒的底色［N］．光明日报，2020-02-18.

时下有些班主任对学生动辄就“罚”。诸如罚抄书、罚物、罚钱、罚站，等等，还美其名曰，这是“以‘毒’攻‘毒’，以‘恶’制‘恶’”。罚站、面壁等是对学生的体罚；罚钱、罚物，与其说是罚学生，不如说是罚家长。

有些班主任常常不能管理自己的情绪，每每因不顺心之事而情绪异常时，不是板着脸，就是训斥、讥讽，甚至体罚学生。这些做法给学生造成精神上的压抑、情绪上的刺激，久而久之，必然导致教育的失败。

没有目的的惩罚不是教育惩罚，而没有效果的惩罚更不是教育惩罚。从教育惩罚的效果来看，以下情况，能使惩罚发挥最大的效应：其一，在不期望的行为发生后，立即进行管理，而不是拖延数小时；其二，不期望的行为一定永远导致惩罚，而不是时有时无；其三，对学生进行惩罚后向他们解释为什么，并告诉他们以后要避免惩罚该怎么做；其四，执行惩罚的人与学生有很好的感情。

惩罚的恰当运用是一种艺术，这需要智慧。所以班主任要学会智慧惩罚。要以爱心和智慧去寻找合适的惩罚方式，变惩罚的暴风骤雨为呵护成长的阳光雨露。

（一）把握惩罚的机理与原则

1. 惩罚是一种辅助手段，应以爱心为前提。

2. 惩罚的有效性取决于师生的关系，师生之间如果已经有了积极的关系，惩罚则比较有效。

3. 惩罚必须及时，必须在学生违反纪律之后马上进行。

4. 惩罚时，应该让学生明确了解他为什么受到惩罚。

5. 惩罚形式应当灵活多样，切忌千篇一律，这可以使学生产生不同的压力体验。

6. 对于违反纪律的学生，如果事件影响不大，私下惩罚要比公开惩罚好。

7. 惩罚要讲分寸，用得恰到好处，应考虑不同年级、不同个性的学生的差异。

8. 惩罚不宜采用严厉冷酷的批评，更应坚决避免“体罚”“财罚”“脑罚”等。

9. 对于初次犯错误有悔改表现的学生不宜惩罚。

10. 虽然出现过失或犯错误但动机良好的，或学生的抵触情绪较大时，惩罚应暂缓使用。

（二）多种惩罚方式

1. 自我体验式

这种方式是抓住学生的过失或错误，让学生适当承担后果，引导学生体验，从而唤醒学生，使学生分辨善与恶、美与丑、是与非，树立正确的信念和价值观。如当学生在课堂上不遵守纪律时，班主任不妨请他叙述事情经过，让他讲出不遵守纪律的原因和危害，使之反思。还可以让他做记者，现场采访周围同学的感受，让那些喜欢吵闹的学生亲耳听听同学们的心声，以引起心灵的触动和思想的震撼。这种惩罚无疑比罚站等方式更容易使其自觉纠正过失。

2. 欲擒故纵式

每个学生都会犯错，当学生犯了错，班主任“看破”而不“说破”，不批评，反而去表扬，这种欲擒故纵的做法，也会取得预想不到的效果。例如，一位班主任发现一名学生在课堂上摆弄小刀，他就对同学们说：“现在同学们的注意力都很集中，没有一个同学搞小动作。”那位学生听了班主任的话后，立刻把小刀收起来，专心听课了。

3. 延迟评价式

所谓延迟评价，就是利用学生的期待心理，对学生的错误不予以及时的评价，而是把评价的时间适当地向后拖延，给学生留下一定的时间和自由思考的空间。这种评价不是马上抓住学生的错误不放，提出尖锐的批评，而是允许学生犯错，允许他们有改正错误的机会。惩罚可以是一种美丽的等待。事前约好的奖励，因学生有某种过失或错误，可以或延迟，或取消，这也是一种惩罚。

4. 替代惩罚式

惩罚的目的不是制止某种行为，而是希望做出正确的行为。如魏书生要求学生在犯错时，根据错误的大小或写说明书，或唱一首歌，或做一件好事，在这一过程中，学生得到尊重，不受伤害，容易接受。

5. 预期惩罚式

预期惩罚是先做出约定，使学生对过错行为将要受到的惩罚有所了解，从而提前做出警觉。如魏书生要求学生提前制订班规班法，对违反班规班法的“处罚”通过全班讨论形成“合同”，这样学生行为前受到约束，行为后既知道怎样处罚，又不会有怨言。

6. 惩罚后的教育

惩罚结束，而教育并没有结束，惩罚后的处理便格外重要。

（1）要一如既往地关心、爱护犯错的学生，不让学生有失落感，并教育其他人去亲近他，不歧视，不疏远，不使其产生孤独感。

（2）要密切注意被惩罚者，通过观察、谈心等方式了解其思想状态，避免不良后果的发生，以使惩罚达到良好的教育效果。

（3）要及时捕捉犯错学生身上的闪光点和点滴进步，及时表扬鼓励，激发其上进心，塑造其健全的心灵。

“教育人是艺术中的艺术，因为人是万物中最不固定的和最复杂的生物。”教育没有固定的模式，班主任只有探索更多更符合教育规律的教育方法，才能真正无愧于“人类灵魂工程师”的光荣称号。

夸美纽斯曾经特别论述过纪律问题。他一方面不希望学校充满呼号与鞭挞的声音，另一方面又明确指出：“我们可以从一个无可争辩的命题来开始，就是犯了过错的人应当受到惩罚。但是他们之所以应受惩罚，并非因为他们犯了过错（因为做了的事不能变成没做），而是为了要使他们日后不去再犯。”杜威是以主张尊重儿童而著称的大教育家，但他仍然认为：“儿童必须接受有关领导能力的教育，也必须接受有关服从的教育。”马卡连柯也曾指出：“合理的惩罚制度不仅是合法的，而且是必要的。这种合理的惩罚制度有助于形成学生的坚强性格，能培养学生的责任感，能锻炼学生的意志和人的尊严感，能培养学生抵抗引诱和战胜引诱的能力。”马卡连柯不仅将惩罚与学生的尊严感联系起来论述这一命题，而且在实践中也成功地实现了惩罚与尊重的统一。可见，古今中外的教育理论无不肯定和支持教育惩罚。

“天下事有难易乎？为之，则难者亦易矣；不为，则易者亦难矣。人之为学有难易乎？学之，则难者亦易矣；不学，则易者亦难矣。”班主任做学生思想工作的成效，关键在于是不是用心。只要用心，总能找到适合管理班级的独特方法。无论你接手了一个怎样糟糕的班级，只要你满怀信心，不放弃，总能迎来美好的明天。

第 9 章

班主任的沟通艺术

班主任是学校人际交往的重要枢纽。可以说，班主任每天都要与各种人交往，如与学生、家长、任课教师、教导主任、德育主任、后勤人员、团委成员、校长等。在各种交往中，班主任的沟通能力显得格外重要。班主任具有良好的沟通能力才能与他人及时、准确地进行协调，才能建立起良好的人际关系，从而推进工作。反之，如果缺乏沟通，或者沟通方法不当，就容易产生矛盾，严重影响班主任工作的正常开展。所以，提升沟通能力是当好班主任的一项重要基本功。

什么是沟通？沟通是人与人之间、人与群体之间思想与感情传递和反馈的过程。沟通是为了一个设定的目标，把信息、思想和情感在个人或群体间传递，以求思想一致，情感通畅。

有效沟通不仅要有沟通的意识，还要掌握沟通的方法和艺术。班主任工作的特点决定其沟通更具特殊性。班主任工作中的很多误解和矛盾往往就是因为缺少沟通引起的。聪明的班主任不一定是优秀的班主任，但优秀的班主任一定是卓越的沟通者。那么，班主任怎样来提升自己的沟通能力呢？

一、以真诚为基础

所谓真诚，就是为人处世要真、要诚，说真话、办实事，态度诚恳。为人真诚守信是十分重要的，虚伪和谎言只能“忽悠”一时，不可能长久，“言必信，行必果”。作为班主任，真诚对待学生，首先要尊重和爱学生。

特级教师鲍建中讲了自己这样的体会。

2014 年由于谢老师病休，初到北京的我接任了 13 级 3 班的班主任，由于孩子们特别思念谢老师，对我这个新任班主任持有怀疑、观望态度，甚至出现抵触情绪，造成一些工作很难开展。谈话、批评都收效甚微。

一天午检，教室的窗帘紧闭特别安静，我正诧异时，值日班长悄悄跟我说："别说话，王萌病了！"王萌是我们班的班长，是个言语不多，学习、做事非常认真的女孩，家访时了解到她爸妈都是聋哑人，靠做点小生意维持生计，一家人挤在一间出租屋中，生活条件非常艰苦，但她在同学中的威信特别高。看到她趴在桌子上难受的样子，我的第一反应就是赶紧带她去看病，再三劝说后她才答应让我送她回家。到家后她爸妈不在家，我二话没说直接带她去了医院，直到打完针病情缓解后我才回学校。

也许同学们通过这件事看到了我的真诚，态度发生了很大转变。随后我又对班级目标和制度提出了非常人性化的要求，培训了一批工作能力强、认真负责的班干部，使得班级时时有人管，事事有人做。班干部分工合作、认真负责，学生的学习热情日趋高涨。

"动人心者，莫先乎情"，情不深，无以惊心动魄。班主任良好沟通的前提是爱心与真诚，班主任只有真诚面对学生，尊重他们，爱护他们，才能真正走进学生心中。

二、以深入了解为前提

为什么要沟通？沟通什么？要解决什么问题？这是班主任沟通前要想清楚的几个问题，否则沟通就失去了意义。要解决这些问题，需要班主任在沟通前认真倾听、了解沟通对象，做到知己知彼。

人们常说，一个班主任要同时带两个班——一个学生班，一个家长班，工作难度和压力可想而知。但是只要班主任能通过有效的沟通赢得学生和家长的尊重、信任和支持，学生、家长和班主任心往一处想，劲儿往一处使，教育就能变得简单而美好。

班主任与学生沟通的前提是了解。了解学生，方能深刻理解学生，在理解的基础上，师生才能达到心理上的共鸣。班主任要了解学生的家庭、性格、学习成绩、兴趣爱好等，这样才能在与学生谈话时切中要旨。组成一个新的班级时，班主任应问问学生有什么打算，是否适应新班级和新环境，学习是否跟得上，常与家长沟通，了解学生的学习习惯、性格特点、家庭教育等，以便更深入地了解每名学生的情况，掌握他们的思想动态和存在的问题。

了解家长对于沟通也十分重要。人心不同，各如其面。因家长的职业、文化程度、性格等不同，沟通的方式也应不同，所以班主任平时要多与家长沟通，了解家长的需求与困惑，以促进家校合力。

三、以耐心倾听为方法

倾听既是一种沟通的方法，也是一种沟通的艺术。班主任在与学生以及家长沟通时，一定要学会倾听。倾听有两个好处，一是可以营造平等和谐的谈话氛围，二是便于班主任从中捕捉利于沟通的信息。一个牢骚满腹、怨气冲天的人，在面对一个有耐心、有同情心的倾听者时，常常会被“软化”，从而变得通情达理。班主任在面对冲动或愤怒的学生时，只要能积极地倾听，就可以使紧张的气氛有所缓和，愤怒或冲动的学生在自由地表达了自己受压抑的感情后，心理压力能得到一定程度的减轻。

班主任要注意，倾听时应该面带微笑。在人际关系中，微笑的魅力是无穷的。在与学生，乃至家长交往时，常带三分笑，能给人亲近感，能使人与人的心更近，能使学生感到班主任对自己的尊重，进而更愿意接受班主任的教育引导。

四、以平等理解为纽带

先处理心情，再处理事情。沟通的目的是彼此懂得、理解，全然信任，精诚合作，让学生或家长成为班主任教育教学工作上的助手，而不是敌手。班主任要通过多种形式的沟通，赢得学生及家长的尊重、理解、支持，从而更好地开展班级活动，更好地帮助学生成长和进步。

要达到这样的沟通目的需把握一个重要原则，就是摆正关系，以相互理解、相互尊重、充分信任为基础。如果某一方高高在上，盛气凌人，这种情况下的沟通往往是不能成功的。班主任如果遇到问题总是把责任推给学生或家长，而不愿意从自身找原因，家校关系通常会很紧张，也难以取得良好的教育效果。

班主任与学生沟通时，首先要平等对待学生。作为班主任，爱学优生并不难，难的是爱后进生。班主任热爱教育，热爱学校，也要热爱每一个学生，不能因为学生学习成绩好而特别亲之爱之，也不能因为学生学习成绩差而恶之厌之，要一视同仁，平等对待每个学生。著名教育家陶行知先生曾说过：“在你的教鞭下有瓦特，在你的冷眼里有牛顿，在你的讥笑中有爱迪生！”随着年龄的增长，环境的变化，班主任工作方法的改进，那些后进生也会发展变化，即使他们不能成为瓦特、牛顿、爱迪生，也要把他们塑造成一个对社会有益的人。

同样，班主任与家长沟通时，也要做到平等对待。北京市第八十中学牌坊分校王莉老师讲了自己这样的体会。

班里有个叫楠楠的女孩，每次作业都写得最慢、最费力、错误最多。这表现也真应了她的名字，真让我好为“难”啊！

于是，心急的我一发现她有家庭作业完不成的情况，便给家长打电话、发微信，要求家长加强辅导，可家长每次都是嘴上答应得好好的，行动上却没有改变，孩子的情况也总不见好转。到后来，电话打多了，家长不是不耐烦，就是抱怨：“我又没有读过什么书，那些知识我自己都弄不懂。再说，我也实在没时间辅导她。我家这样的条件，我只能天天起早贪黑地干活，让她吃饱穿暖已经很不易了。至于学习成绩好坏，就只能看她自己的造化了。”这明摆着是在推卸责任。

冷静后想想，楠楠还有个两三岁的弟弟，楠楠的爸爸妈妈没有稳定的工作和收入，生活确实不易。面对懵懂无知的孩子和无奈又无助的家长，我开始反思自己的做法，并尝试改变沟通的方式。

1. 变要求为帮助

一天放学后，我随楠楠来到她家，先向楠楠妈妈表达了自己的关心和理解，然后推心置腹地和她讲学习的重要性，讲良好习惯的养成，讲学校和家庭要形成教育合力，讲楠楠的特点以及适合楠楠的教育方式……那次谈话持续了近一个小时。临走时，我们约好：家长每天抽出20分钟时间辅导孩子，主要负责辅导课文朗读和生字默写，其他有难度的辅导任务交给老师。

2. 变告状为祝贺

我不再等楠楠出现问题才联系家长，而是每当楠楠有一点儿进步，就通过短信以祝贺的语气告知家长：“楠楠今天举手回答问题了。”“楠楠今天上课没有被点名。”“楠楠的作业独立完成，只错了一道题。”“其实楠楠很聪明，加油啊！”……

两个多星期后，我组织部分家长（其中就有楠楠妈妈）召开了一个小型家长会。那天，大家围在一起共商教育孩子的大计。其间，有的家长或自我批评，或自我反思，有的家长向我和其他家长讨教教育孩子的经验。在讨论过程中，我不失时机地向他们推荐楠楠妈妈，说她教育孩子很有一套，近来孩子进步很明显。楠楠妈妈有点儿不好意思，说这都是老师的功劳。我不失时机地说：“孩子健康快乐地成长，离不开我们家长和老师的共同努力。”家长会结束后，楠楠妈妈拉着我的手一直在说感谢的话，最后我把楠楠叫到身边，当着孩子的面表扬了她的妈妈，并当面嘱咐楠楠妈妈要坚持监督。楠楠妈妈愉快地答应了，楠楠也露出了开心的笑容。

之后，一发现楠楠有进步，我就会向楠楠妈妈报喜，并给她提出一些合理化建议。我也一直通过和楠楠谈话，了解她妈妈的最新动向，一有问题马上想办法解决。我不仅仅只是盯着楠楠的成绩了，还在生活上给予她关爱。天气变冷了，我送给她一副手套；她迟到了，我主动向家长询问情况；她遇到困难，我尽心帮助……

渐渐地，她们母女都发生了可喜的变化：楠楠妈妈几乎每天晚上都在家里陪着孩子，而且成了最支持我工作的家长。逢年过节，我总能收到来自她的祝福。楠楠每天的家庭作业都能完成，并且在期中考试中一下子进步了十几个名次，人也比以前活泼多了，还变得关心集体和同学了。

学期末，全班同学一致同意评楠楠为“学期进步标兵”，于是我在班级微信群里发布喜报……

理解在沟通中特别重要。人与人之间要相互理解，并且要学会换位思考，这是交往的基础。有效沟通也要注意换位思考。什么是换位思考？即设身处地地为他人着想，是一种想人所想、理解至上的处理人际关系的思维方式。

沟通是双向的，班主任一方面要站在学生或家长的角度来思考问题，替学生或家长分忧；另一方面也要让学生或家长站在班主任的角度来思考一下班主任的工作，替班主任分忧，这样可以有效避免一些对抗情绪，有助于彼此的理解和沟通。

五、以多形式沟通为途径

沟通的方式是多种多样的，班主任可以根据需要灵活运用。如常用的沟通方式有电话沟通、网络媒介沟通（微信、QQ、班级群、校讯通）、书面沟通（写信、便条、作业本）、层级沟通（班级家委会）、当面沟通（家长会、家访、偶遇）等。

班主任与学生沟通交流常用的方式归结起来主要是三个方面——面对面沟通、书面沟通、网络媒介沟通。

（一）面对面沟通

面对面沟通作为一种最常见的沟通方式，其优势还是很明显的。首先，面对面沟通的时候不但能听到对方的声音，而且能看到对方的表情，甚至是一个眼神的变化都能看到。面对面沟通的时候，完全能够感受到对方是否真诚。与学生面对面沟通也是班主任工作中最主要的交流方式。班主任真诚地与学生面对面沟通，能获得学生的理解和信任，在这种情况下，学生也容易向班主任敞开心扉。

1. 班主任与个别学生面对面沟通

因为班级工作的需要，班主任很多时候需要跟学生进行单独沟通。如班级建设要听取有主见、有创意的学生的意见或建议，来自学生的想法更容易被学生们接受，所以多找学生单独沟通，了解其真实想法，对工作的开展大有帮助；当班里出现重大事件时，班主任想了解更多情况时，也需要找个别的知情人或当事人与他们面对面进行单独沟通；与问题学生面对面沟通也是班主任几乎每天都要做的。与学生面对面单独沟通，是考验班主任耐心的一项工作，不同水平的班主任处理的方式和效果截然不同。但不可否认的是，每一次沟通，都是增进师生关系、凝聚人心的绝佳机会，班主任一定要好好把握。

与学生进行个别沟通时，尽量不要在教室，要避开其他同学；也不要在办公室，学生可能会紧张，可以在楼道或者操场，与学生边散步边谈心。班主任要放下架子，使学生放松心情，这样学生才更愿意把心里话说出来。在这样的状态下与学生聊天，班主任也会得到更多平时看不到、难以掌握的关于学生、班级的信息。生硬的说教和严厉的训话，是很难取得这样的效果的。

2. 班主任与学生群体面对面沟通

班主任要与学生群体进行面对面沟通，一般以班级会议的形式进行。主要包括班会、少先队队会、晨会、暮省会，还包括班委会，以及有针对性地召集部分学生进行座谈等。每一次会议，班主任都要认真准备，从话题的确定到交流方法、策略的选择，再到评价都要做到心中有数。班主任应多花时间总结班级工作的优点、剖析班级工作的不足，同时为学生创设情境、搭建平台，让他们充分展示自己，发表自己独到的见解，为班级建设献计献策。

班主任与学生群体面对面沟通要以表扬、激励为主，保护学生的自尊心，尽量不点名批评，有需要可以私下沟通。只有以诚相待、以爱相拥，才能在班主任与学生之间架起一座心与心沟通的桥梁。

（二）书面沟通

书面沟通是班主任与学生之间进行交流的一种方式。学生可以通过班级日志或周记记录自己的学习生活，真实地反映个人的想法。班主任从这些文字中了解学生的心理活动和思想动态，然后通过评语与学生“笔谈”。班主任要尽量表达自己对学生的肯定和期望，对于学生文字中表达的困惑、迷茫等情绪，可予以指导，有必要的话可再当面进行沟通交流。

有些班主任喜欢与学生进行书信联系，这也是一种书面沟通。班主任如果能坚持通过书信与学生进行沟通交流，师生间的关系一定会更融洽。需要注意的是，班主任要主动寻找与学生交流的主题，收到学生的信件要及时回复，让学生感受到来自班主任的真诚和友爱。下面是王佳玲老师疫情期间写给学生的一封信。

亲爱的同学们：

你们好！从前只有你们给王老师写信，以后每个周六，王老师都要给五年级三班的全体同学写一封信，高不高兴？

本学期受疫情影响，我们未能按时开学。特殊时期为做好疫情防控工作，坚决防止疫情在学校蔓延，全国中小学延期开学，开展了“停课不停学”网络教学。学校考虑到各位同学首次居家听课会不习惯，因此并未安排过重的学习任务，希望同学们自觉自律，严格要求自己。

最初，刚开展线上教学，王老师真的很担忧，每天想得最多的便是如何让大家找回在学校的学习状态。功夫不负有心人，经过一段时间的调整，如今王老师看到的是朝气蓬勃、乐观自信、自强自律的你们，老师能够感受到大家的成长与进步。你们真的做到了对己负责，对班级负责。尤其值得夸奖的是班委会成员，你们将班级各方面的工作都安排得有条不紊，老师非常欣慰。恍惚间，王老师似乎感到我们身份互换了，我被大家照顾着，“宠坏了”，越来越“懒”了，我可真是一个幸福的老师啊！

时间像是时光沙漏，冬去春来，阳光四溢，转眼间已到了阳光和煦，春暖花开的日子。人无再少年，回想从前走过的岁月，老师也有过因为没有竭尽全力而留下的遗憾，因此在你们面前常常扮演“话痨”，只希望你们能够更好。其实，我和你们一样，同样拥有过花一般的年纪，经历过你们的经历，感受过你们的感受，失去过你们的失去。偶尔回忆年少碌碌无为、虚度光阴的时光，属实会有遗憾。所以，作为你们的老师，我想嘱咐你们：一定要充分利用一切能够学习的时间，学习课本知识，涉猎各类书籍，珍视当下时光。

珍惜时间就是珍爱自己，王老师愿五年级三班可爱的孩子们，成为一个负责任、爱自己的有为少年。

爱你们的王老师

2020 年 4 月 11 日

以下是学生的回信。

亲爱的王老师：

您好！

您知道吗？升入五年级开学的第一天，我到校比较晚，刚刚进入校门，就看到墙上贴着班主任的姓名表。我赶紧走近去看，五年级一班没变，五年级二班没变，五年级三班，咦，怎么又换班主任了？我们班从一年级就开始换班主任，刚刚熟悉，又换。这时刚好听到有同学在窃窃私语："你们看到新班主任了吗？""看到了，看到了，黑黑的头发，'邪恶'的眼神。哈哈哈，这下有得受了！"

一开始我还担心，新班主任能管好我们班这些"淘气包"吗？后来我渐渐熟悉了您，才知道我的担心是多余的。您讲课时的风趣和幽默，课下的温柔和体贴，批改作业时的一丝不苟，足以使我们这些"淘气包"服服帖帖。现在再想想开学那天同学们的议论，我要告诉他们："我们的新班主任长发飘飘，宛若天仙，不不不，就是仙女下凡！"

王老师，好几个月没见您，希望疫情尽快结束，让我们回到学校团聚，也希望您在六年级还教我们，我们不要别的老师做班主任。

祝您开开心心每一天！

您的学生：曹恬维

2020 年 4 月 15 日

利用"心灵对话本"进行师生和家校沟通，也是班主任工作的一种有效方法。谢淑美老师善于创新，善于改变，不走寻常路。当班主任的十几年来，谢老师勇于挑战，常主动接手全校令人头疼的"薄弱"班，她认为成绩不理想的学生，拥有的进步空间是最大的，班主任不应该放弃任何一个学生。在这样的观念指引下，她发挥创新意识，在长时间的摸索和探究过程中，创造性地运用"心灵对话本""进步本"，让学生把不愿意当面诉说的困惑、沮丧、不开心的事情，平时不敢抱怨、不敢发泄的情绪，通过文字与班主任进行沟通。谢老师通过这种方式，引领着学生成长。

一名六年级的学生，在自己的"心灵对话本"上对谢老师讲着自己生活中的"小事"："今天是国庆长假的最后一天，前些日子玩得太累了，所以我今天在家里整理作业，让自己好好地休息一天，相信回到学校后，我会有一个好精神！"

面对这样的生活小事，许多人会认为这并不能代表什么，而谢老师却看到了学生的闪光点。细心的谢老师在学生的"心灵对话本"上写下了这样一段话："从你的文字中，我重新认识了你，你是一个懂得合理安排时间的人，而且我感觉到，你已经开始在有目的、有计划、有针对性地冲刺了。加油，告诉自己，凭自己的努力，终点（目的地）已经离自己越来越近了！"

正是这样的"心灵对话本"拉近了师生间的距离。通过谢老师强有力的正强化作用，学生们进一步认识了自身价值，认识到自己也有进步的可能，自信就在这“你来我往”的心灵交流中逐步建立并真正强大起来。

（三）网络媒介沟通

随着社会的进步，现代化的电子设备进入千家万户，同时也被广泛运用到教育教学领域，班主任与学生的沟通方式也越来越便捷。电话交流成为面对面沟通之外最及时的沟通方式。

互联网的普及让人们的沟通方式发生了更大改变。班主任可以建立班级QQ群，在群里和学生聊聊天，商量一下班里的大事小情；还可以建立班级微信群，在群里除了一般的沟通外，还可以转发教育教学方面的文章供大家阅读；还可以利用校讯通发送重要通知；也可以开通个人公共交流平台，在平台上发表自己的感悟，让学生去阅读，去互动。这样的沟通交流，有助于师生间的相互了解、相互认同。总之，班主任要充分利用各种平台与学生沟通交流，如此才能与全体学生和谐相处，班级管理才能得心应手，班级工作才能取得成效。

另外，班主任还要与家长形成合力。如在开学初组建班级家长委员会，主要负责组织协调家校之间的事务；通过给家长写信，传达自己的教育教学思想，获得家长的理解、支持和配合；开好每一次家长会，分享科学的教育理念，畅谈对学生的培养和班级管理目标与方法，交流家教经验，展示教育教学成果，推荐好书、好文章、好专家；必要的时候，班主任还可以采取单独沟通的方式约见家长，共同探讨学生的教育问题。

沟通的方式多种多样，但无论哪种方式，情感交流都是必不可少的。因为只有建立起真诚、友好的情感通道，才能促进交流双方的相互理解和互相配合。作为班主任，一定要重视与学生、与家长的情感交流，要选择适合的沟通方式，积极营造尊重、理解的沟通氛围，进行有效沟通，最终将班级管理工作落到实处。

六、以充分准备为保证

要进行有效沟通，班主任应做好准备。每次沟通时，班主任有必要备备课，做一些准备工作。如与谁沟通，沟通内容是什么，预期解决什么问题，基本情况是怎样的，话题怎样切入，原则是什么，何时、何地、何种方式，用时多久等。

总之，沟通是一座桥梁，是一种教育智慧和艺术。可以肯定，随着沟通能力的提升，班主任的工作效率和艺术也一定会大大地提升。

第 10 章

转化潜能生的智慧

在提倡素质教育，创办人民满意教育的今天，如何做好潜能生的辅导和转化工作，是摆在广大教育工作者面前的一个突出问题。分析潜能生形成的原因，研究潜能生的心理和表现，并采取相应的转化对策，是全体教育工作者一个重要而艰巨的任务。

有研究表明，目前中小学生厌学的现象严重，甚至还有愈演愈烈之势。而在厌学队伍中，我们所说的“潜能生”是主力军。有人对 1.6 万余名学生进行抽样调查：无论是小学还是中学，学生厌学情况日益严重，有高达 58% 的学生选择“假如可以不上学的话，我不会去上学的”。还有一项调查显示：我国学前的孩子厌学比例为 0，一年级厌学的学生占 13%，六年级厌学的学生居然达 33%，而到了中学，80% 以上的学生或多或少存在孤独、焦虑等不同学习心理障碍。

通过上面的分析可见，潜能生是学校教育中最值得关注的群体。作为班主任，挽救一个潜能生比培养一个优秀生更重要。

现在我们对潜能生的理解，大部分是被误读了。在学校，学生只有差异，没有优劣之分。班主任首先要承认并尊重这种差异，并对差异做科学的分析。一方面，某些学生在学习或品行方面暂时处于相对落后状态，但这并不意味着会永远落后，他们是能够发展的，是会变化的；另一方面，人的智能是多元化的，每个学生的智力存在不同的风格和优势，用考试成绩等固定的标准来评价学生，显然是不科学的。所以，很多时候，这不是学生的问题，是我们对学生的评价出了问题。班主任要建立正确的学生观，用发展的观点去看待学生。一个合格的班主任眼中只有差异，没有优劣。

“潜能生”的提法，反映出教育观念的转变，肯定了每一个学生都具有发展提高的潜能，相信每一个学生都是好的，都能成才。这种认识更科学，提法更人性化。教育家布鲁姆认为，每个学生身上都潜藏着一些智慧和才能有待开发。

潜能生是可以转变的，但潜能生的形成有个过程，也有其复杂性，这就给班主任转变潜能生带来了难度，但是潜能生转变是有一定规律可循的。下面根据一些优秀班主任多年探索总结的经验，介绍一些转变潜能生的方法。

一、在“转化信念”上用心思

潜能生并非一开始就是潜能生，他们成为潜能生的原因有很多，如教育方法不当或不良环境影响，如学校应试教育的弊端、教师的歧视、教学的失误、教学方法不当、受社会不良风气的影响和交友不慎等。

苏霍姆林斯基说：“每个学生都是一个独一无二的世界。”万物莫不相异，天地间没有两个彼此完全相同的东西。每个学生都是与众不同的，都有自己的特征和长处，同时社会也需要各行各业、各有所长的人才。

黄沙如海，找不到绝对相似的两颗沙粒；绿叶如云，寻不见完全相同的两片叶。人海茫茫，教海无边，我们既找不到两个完全相同的学生，也不会找到一种能适合所有学生的教学方法。这就需要班主任研究学生的差异，找到因材施教的科学依据。

班主任要用辩证的观点去看问题，不要给学生贴上“后进”的标签，不能把学生的缺点无限放大，不能简单地用分数或成绩去给学生贴标签，更不能用一个模式、一个标准去培养他们。用因材施教的方法去解决问题，这不仅是教学的要求，也是班主任工作的一条准则。班主任一定要记住：教育的任务是分析每个学生的个性特征，最大限度地挖掘学生的发展潜能，使学生各得其所，从而成为社会所需的人才。

二、在“宽容理解”上花力气

做班主任的有个通病，那就是总想去改变学生，理由很简单——“我这么做是为你好！”因此，为了这个简单的理由，想尽一切办法——骂、批评、罚、找家长、谈心、写检讨等等。可是结果怎样呢？学生要么口服心不服，要么与班主任作对，要么自我放弃。班主任的初衷——“改变学生”并没有实现，教育的效果没有体现出来，最后便得出结论：“这个学生没有办法教！”这一结论容易导致班主任做出错误的行为——放弃这些所谓没有办法教的学生，结果这些学生越来越差，最终发展成潜能生。其实，改变本身没有错，错在班主任不能用“宽容理解”的方式去对待这些学生。

“小毛驴”改变了

辽宁省本溪满族自治县中心小学　李坤

今年开学，我被分到二年级任数学老师，班里有一个调皮的小男孩，在我上课之前对他就早有耳闻，没想到第一节课，他就给了我一个下马威——上课吃鸡脖子。

随着时间的推移，他的诸多“恶习”逐渐暴露且愈演愈烈：拖拉作业、上课不带书、课堂上闹得其他同学无法安心听课……他所到之处可以说是一片狼藉。本来在心理上就还没有真正接纳他，再加上他的诸多不良表现接踵而至，我内心的反感自然不用说了。加之一连几天的作业他都不做，所以每次提到他，我真觉得头疼。可我想，作为老师，总不能纵容这种主观情绪阻碍自己对这个特殊学生的关注吧？

针对这个学生，我上网查阅了大量资料，看到这样一段话：“活泼的孩子自尊心特别强，一定不能采取暴力的方式，要用软手段，让他服你，这样以后就好管了。要根据他的兴趣进行正确的引导，引导他读一些有益的课外书，参加有益的课外活动。开始时，不要立刻限制其活动，记得给他时间和空间。”我开始尝试改变他。

表扬优等生、批评后进生是我们常用的教育方法。殊不知，优等生往往缺少的是批评，是必要的挫折教育，而后进生往往缺少的不是批评，而是表扬。面对这个学生，我采取了“非一般”的教育方法。

我尽量关注他不调皮的时候，有意识地寻找他身上的闪光点，并加以赞扬：“你今天听课很认真。”“你今天没有迟到，值得表扬。”“你今天按时交作业，老师很高兴。”……我平静而诚恳的态度也让其他同学对他的态度有所转变，他在老师和同学的共同关注下进步越来越大。

之后我总结了针对这类学生的教育方法：改变自己，做到宽容、耐心、欣赏。宽容，就是容许他们犯小错误；耐心，就是慢慢来，心急吃不了热豆腐，慢工出细活儿；欣赏，就是多发现这类学生身上的优点，别总盯着他们的缺点。当我们做到这些的时候，就会发现这些学生越来越可爱，我们的焦虑也会慢慢缓解。

他开始慢慢接受我了，我也渐渐了解到，他的父母经常不在身边，他更需要老师的关爱。他最在乎的是他带来的零食。我告诉他，东西可以下课吃，如果他表现好，我会给他糖吃。渐渐地，他会把他的零食跟我分享。看着他诚恳的小脸，我没法拒绝。最让我高兴的是，他上课开始发言了。他头脑灵活，经常能给我意想不到的惊喜。慢慢地，他的作业能够按时完成了，成绩进步显著。

今年期末全县统考，我和他约定，如果他能考到90分，明年的作业他比别人少一半；如果考不到90分，下学期就没那么多自由了。结果他赢了，他考了91分！虽然我输了，但我特别开心。

这个案例启示我们：班主任要改变自己，摆正心态。对于学生的问题，我们更多的时候要改变自己的想法，不能总认死理——“我必须改变你”，这样只能让事情变得越来越糟糕，让自己和学生之间的关系越来越紧张，导致工作无法继续下去，使原本还算可以的学生变得越来越不像样子，人为地制造出一个又一个潜能生。

班主任是在和“人”打交道，和学生的地位是平等的，班主任宽容、耐心、欣赏、鼓励，对学生是一种润物细无声的教育。

班主任应该时刻记住一句话：“当我们不能改变学生时，我们可以改变一下自己。”改变自己，或许会有化腐朽为神奇的力量，或许会有令人惊奇的事情发生。

三、在“充满期待”上使足劲

古希腊神话中有一个人叫皮格马利翁。传说皮格马利翁是塞浦路斯国王，善雕刻。他用神奇的技艺雕刻了一座美丽的象牙少女像，在夜以继日的工作中，皮格马利翁把全部的精力、全部的热情、全部的爱恋都赋予了这座雕像。他像对待自己的妻子那样爱抚她、装扮她，为她起名加拉泰亚，并向神乞求让她成为自己的妻子。爱神阿芙洛狄忒被他打动，赐予雕像生命，并让他们结为夫妻。这一故事后来被总结为“皮格马利翁效应”，用在教育心理学上，也称“期待效应”。

在神话基础上，美国著名心理学家罗森塔尔和雅克布森做过一项有趣的研究。他们找到一所学校，从校方手中得到了一份全体学生的名单。在经过抽样后，他们向学校提供了一份学生名单，并告诉校方，他们通过一项测试发现，这些学生有很高的天赋，只不过尚未在学习中表现出来。其实，这只是他们从学生名单中随意抽取出来的几个人。有趣的是，在学年末的测试中，这些学生的学习成绩的确比其他学生高出很多。有研究者解释这一现象，这就是教师期望对学生产生的影响。由于教师认为这个学生是天才，因而对其寄予更大的期望，在上课时给予他更多的关注，通过各种方式向他传达“你很优秀”的信息，学生感受到教师的关注，受到激励，学习时加倍努力，因而取得了好成绩。这种现象说明，教师的期待不同，对学生施加影响的方法也不同，学生受到的影响也不同。

但有的班主任对潜能生缺乏期待。有这样一则笑话，说的是一个班主任在学生自习的时候，发现一学生睡觉，便敲醒他，并训斥道：“你真不是读书的料，一看书就睡觉。”学生委屈地指着睡觉的班长说：“班长也睡觉，你怎么不说他？”教师一看班长，见班长把书盖在自己脸上，确实已经睡着了。教师转头又继续批评这位学生说：“你看看人家，睡觉都看书，哪像你……”

这虽是笑话，却反映了教师尤其是班主任在日常教学中，对待潜能生存在很大的心理偏差。带着这种心理偏差来转变潜能生，班主任的工作是做不好的。虽然潜能生成绩不好，问题很多，但是他们的内心也是渴望得到教师的爱和尊重的。教育家韩凤珍说：“难教育的孩子，都是失去自尊心的孩子；所有好教育的孩子，都是具有强烈自尊心的孩子。教育者就是要千方百计地保护孩子最宝贵的东西——自尊心。”

与一般学生相比，潜能生有以下心理特点。

1. 外表“傲慢”与内心自卑的矛盾

有些学生成绩很差，不仅没有人们所想象的羞愧之心，反而见了老师、同学一副满不在乎的样子，甚至不屑一顾；对于一切荣誉性的场合，他们要么就不参加，要么就一副玩世不恭的态度；对人对事，持偏激态度，甚至常常让人难堪。但只要细心观察，就会发现，那些在公共场合常表现得玩世不恭、不可一世的潜能生，一旦单独面对自己的时候，就会垂头丧气，一副黯然神伤的样子。可见，他们内心深处，在“傲慢”的背后是怎样的一种自卑！

2. 有强烈的自尊心而得不到尊重的矛盾

自尊心，人皆有之。潜能生同样希望得到教师和同学的尊重以及集体的承认。但因为潜能生各方面表现较差，故常常受到歧视和冷遇——同学敬而远之，班主任视之为“包袱”，长此以往，他们极易产生自卑感。但由于潜能生自身的思想品德与学业成绩的现实表现，使他们的期望无法得到实现。因而，其自尊心和好胜心就以一种扭曲的形式表现出来。他们尤其讨厌被当众批评，吃软不吃硬。

3. 向往进步与意志力薄弱的矛盾

在正确的教育引导下，绝大多数潜能生会产生积极向上的愿望。然而，上进并不是一帆风顺的，它需要坚强的意志力。所以，一旦遇到困难与挫折，他们又容易心灰意懒，流露出悲观的情绪。

总之，潜能生的心理特点也是复杂多变的，其表现形式也不一样。因此，对潜能生的教育是一项艰巨、细致而又复杂的工作。

陶行知先生曾说过："谁不爱学生，谁就不能教育好学生。"转变潜能生最有效的方法，就是热爱潜能生，去尊重、信任他们，对他们充满期待。特级教师丁有宽曾分享过他的秘诀："面向全体，偏向潜能生。"苏霍姆林斯基曾经感叹："从我手里经过的学生成千上万，奇怪的是，留给我印象最深的并不是无可挑剔的模范生，而是别具特点、与众不同的孩子。"面对潜能生这样一个"与众不同"的群体，班主任必须正确认识他们，研究他们，将浓浓的师爱洒向他们，让这些"迟开的花朵"沐浴阳光雨露，健康成长。

四、在"鼓励自信"上显作为

潜能生的产生往往与自信心的丧失有密切关系，所以在转变潜能生的过程中，帮助其克服自卑心理，增强自信心尤为重要。

曾有心理学家用跳蚤做过一个实验：实验员把跳蚤放进广口瓶中，用透明盖子盖上。跳蚤为了获得自由，每天练习"跳高"，一天比一天跳得高，直到能跳起来撞到盖子。它们一再地撞到盖子，久而久之，便不再跳到足以撞到盖子的高度。一段时间过后，实验员拿掉盖子，发现了一个有趣的现象：即使没有了障碍物，跳蚤也绝对不会跳到广口瓶之外。原因很简单，它们已经把自己的跳跃能力调节到瓶盖的高度之下。

这是一个关于自我心理设限的实验。它揭示了一个普遍的心理现象：问题的解决都取决于自我设限和自我暗示。不少人试图通过努力打破某个纪录，而一旦碰壁，他开始认为自己所定的目标超过了自己的能力，最后便认为自己能力不足，为自己的失败找借口。就像跳蚤主动降低自己的跳跃能力一样，想成功自然是不可能的了。而许多潜能生的形成，恰是一次次考试落后或受到老师、同学歧视，形成挫折和失败心理造成的。所以，转变潜能生，要从自信心抓起。上海市闸北第八中学的刘京海校长曾提出一系列"成功教育"思想，其中包括"三个相信"教育信念：相信每个学生都有成功的愿望，相信每个学生都有成功的潜能，相信每个学生都可能取得多方面的成功。

下面就是以正确的鼓励评价激励潜能生转变的成功案例。

您的话对我很重要

辽宁省本溪满族自治县第四中学　栗莹

以前有人跟我说过："老师的话对于学生很重要，有时一句话可以影响学生的一生。"原以为这话有点儿夸张，但是经过那件事以后，我信了。

那一年我教七年级三班和四班的语文课，三班的成绩好一点儿，四班的成绩很差。有一次月考，作文题要求"下面两个题目任选其一完成"，当时四班有个学生居然在600字的格子内，完成了两篇作文，他把两个题目都写了一点点。这是当时全年级学生中唯一的一个，他的语文成绩位于倒数，不过我倒是第一个记住了他的名字。

以后每到月考、期中考、期末考，我总是提醒他："二选一，写一个作文，明白吗？"每当这时，他总是红着脸，低下头。那时我认定他是个语文成绩很差的学生。直到有一天，事情发生了变化。那天，我领同学们背诵《〈论语〉十则》，提问到他，他居然清楚流利、一字不错地背了下来，我脱口而出："太棒了！"当时我看到他的眼中闪过一丝惊喜。我发现，原来他的记忆力很好，理解能力也还行，只是基础太差了。自那次无意的鼓励之后，他在课堂上说话的声音大了，也敢举手发言了。

我感觉到他在进步，就对他说："其实你完全能把语文学好。"他只是浅浅一笑，并没回答。第二次月考，他的语文成绩提高了，我知道他在努力。有一天，有老师听我的课，正巧是在四班。那节课像平时一样，课堂气氛很沉闷。只有他，多次举手，而且答对了几个关键性的问题，表现得很好。课下，我对他说："不错嘛，努努力，争取期末拿个高分！"之后他听课更认真了，而且经常问我语文题，期末成绩下来，他居然考了全班第一，我当时太意外、太高兴了。

我拿着卷子找到他，兴冲冲地说："你语文考了咱们班第一名。"原以为他会像我一样吃惊、兴奋，他却淡淡说了一句："我知道了，老师。""你不高兴吗？"我问。"没有，老师不是说过我能拿高分吗？您说能，那就一定能，我不意外。"他的话又让我一惊，同时有点儿惭愧。没想到他那样重视我说过的那句话，我一句鼓励的话，成了他奋斗的目标，可想而知，为了这个第一他付出了多少努力。事后有人怀疑他作弊，他有点儿苦闷，但我选择相信他。从那以后，他的语文成绩总在班级前几名，再也没有人怀疑他了。再后来，不仅语文，他的各科成绩都进步了，并且考上了理想的高中。毕业时他对我说："谢谢您，老师。您的鼓励对我真的很重要。"而今天，我也想对他说声"谢谢"，因为是他让我明白：多一分赏识，就多了一分成功的希望。

激励有神奇的作用。为什么上面这位学生发生了这样大的变化？正是赏识的作用。转化潜能生，仅有爱心是不够的，还要帮助他们树立自信。潜能生被批评得多了，多少有点儿自卑，所以帮他们树立自信非常重要。而树立自信，首先要从扬长开始。因此，对于潜能生，我们要去寻找、去发现他们身上的长处。不管多差的学生，他的身上或多或少总会有优点，有的甚至是学优生所没有的，如正义感强、有爱心、爱集体等。帮他们找到优点并加以肯定，要求其他学生向他们学习，这样，潜能生就会惊喜地发现，自己也有比别人强的地方，就会慢慢树立自信。当然，树立自信不是一朝一夕的事，班主任要持之以恒。

五、在"动机迁移"上动脑筋

有些学生，越批评他、训斥他，他表现越不好。反之，发现其长处，给予鼓励和表扬，他就会表现得越来越好。这就是"抓学生闪光点，长善救失"教育艺术的魅力所在。苏霍姆林斯基说："只有能够激发学生去进行自我教育的教育，才是真正的教育。"心理学研究表明，推动、引导和维持人们进行学习活动的内部力量就是学习动机，而让其感到学习过程本身有乐趣，是班主任应该帮助潜能生完成的任务。作为班主任，要及时肯定和表扬潜能生，满足其自尊和正常的心理需要，在"动机迁移"上下功夫。

谁把金铃子带进了教室

小李是班里连降两个年级的"皮大王"，其缺乏自制力，调皮，学习不用功，对此，班主任和任课教师都很头疼。一次，新来的班主任田老师来给他们上课，讲着讲着，教室里突然传出金铃子的叫声。通过观察，田老师发现是小李把金铃子带到教室放在了自己的书桌里。田老师有些生气，不过她马上又静下心来。她知道，此时发火是解决不了问题的。只见她笑着对小李说："你特别喜欢这个金铃子，是不是？"小李点点头。田老师接着说："这样吧，现在在上课，金铃子先放在我这里，放学后你来拿。"小李点点头。放学后，小李惴惴不安地来找田老师。田老师对小李说："你先告诉我，金铃子长什么模样？叫的声音又是怎样的？你说对了，我就把它还给你。"

"我一天要看好几回金铃子，这还不容易？"小李蛮有把握地想，于是滔滔不绝地说起来。

田老师一边听一边点头，好像听得饶有兴趣。等小李说完，田老师热情地把装着金铃子的小盒子还给他，说："你讲得连我也喜欢起金铃子来了，现在我把它还给你，不过，你得答应我一个条件。"

小李眨巴着眼睛听田老师讲下去。"你今天回去后，把你刚才说的写出来，我帮你起个题目叫'可爱的金铃子'。之后我再把你写的念给全班同学听，让他们也喜欢上金铃子，好不好？"

小李虽然有些犹豫，但在田老师的鼓励下，还是接受了这个任务。

晚上回到家，小李眼望着金铃子，一会儿想，一会儿写，一会儿又去问姐姐"触须"的"须"字应该怎么写。之后田老师对小李写的作文又提出了修改意见，小李做了认真修改。就这样，一篇题为《可爱的金铃子》的作文写成了。

田老师富有感情地在班上朗读："金铃铃，金铃铃。那是谁在弹琴和歌唱？哦，原来是我那几个金铃子……"小李听着，简直不敢相信田老师读的是自己写的作文，他感到有一种无形的力量在自己身上增长，这是他从来没有感受过的。

从训练小李写作文开始，在田老师的帮助下，小李的思想、学习进步很快，不久就加入了少年先锋队。

这个案例，用心理学解释，小李的转变正是田老师运用了动机迁移的结果。田老师抓住小李喜爱金铃子这一原有动机，让他口头描述金铃子的模样、叫声，又让他写《可爱的金铃子》作文。这一系列与学习相关的活动，激发了小李的求知欲，使他体验到学习语文的乐趣，从而形成了良好的学习动机。

六、在"持之以恒"上谋实效

潜能生的转化也是一件复杂、艰难的事，不是一朝一夕就能完成的。潜能生在进步过程中，常常会出现反复，这是正常现象，需要班主任导之以行，持之以恒。因为潜能生的思想转变、道德及行为习惯的形成是一个反复发展的过程，绝不是一蹴而就、一劳永逸的，班主任要正确对待潜能生转变过程中的反复，深入调查、了解其反复的原因，坚持不懈、耐心细致地做好教育工作。此外，班主任也要把学校教育与家庭教育联系起来，充分利用家庭教育的力量，转化潜能生。

第 11 章

青春期早恋与教育

如何妥善处理中学生早恋问题，是班主任遇到的一个棘手问题。这个问题在处理时如果态度过激，容易引起学生反感，使其产生对立情绪；如果过冷，学生会认为是默许。

一、揭开早恋的神秘面纱

青春期的中学生为什么会早恋呢？这似乎是一个“谜”。善识水者要识水性，善教者要知孩子的心理。要想揭开中学生早恋这个“谜”，班主任就要对中学生早恋的成因做一番考察、分析。班主任只有把握了中学生早恋的内在因素，再去预防和实施教育才会有的放矢。

少年期儿童生理机能的变化概括起来有三点：一是身体外形的变化；二是体内机能的健全（包括神经系统）；三是性的成熟。国内外心理学研究表明：少年期是儿童的多事年龄阶段，它是儿童由童年向青年过渡的时期，这个时期的学生不仅身体迅速成长变化，心理也发生剧烈的动荡，是儿童成长的关键期。国外有人把这一时期叫作“危险期”“第二反抗期”“困难期”“心理上的断乳期”。

学生早恋除了生理因素外，心理上也可能存在以下问题。一是爱慕心理，青春期的孩子看到优秀的异性，心中总会起波澜。二是好奇心理，对异性充满好奇，想去接触、了解。另外还有从众心理、攀比心理等。

所以，青春期既是一个“花季”，也是一个“雨季”，这是一个多事的季节。进入青春期的学生有理想，有抱负，但又好高骛远，想入非非；独特意识强，逆反心理重，外表强大，内心却脆弱；渴望被人了解，却又觉得无人理解……班主任要通情达理、因人施教，通过给予他们特殊的关怀和爱护，帮助学生顺利度过这一特殊时期。

二、早恋教育的误区

班主任在处理中学生早恋问题上时常会“好心办了坏事”。由于中学生早恋问题处理起来十分复杂，需要科学的方法和艺术，所以绝不是班主任仅靠“美好愿望”就能做好的。

班主任处理早恋问题往往存在以下几个误区。

（一）言之无据，道听途说

尚未摸清情况，仅凭道听途说，就贸然地指责学生早恋，这是班主任处理早恋问题的大忌。

通常，班主任是通过班干部和同学了解班级学生早恋情况的。这种间接得到的信息是否准确，还有待班主任深入全面地了解。即使是自己直接获得的信息，也有待进一步考察，就男女同学交往来说，有些是属早恋的行为，有些则属正常交往，如学习上的互相帮助，生活上的互相关心，班级工作的互相配合等。所以，班主任在男女同学关系上切忌“捕风捉影”“草木皆兵”。如果听到一些什么，看到一些什么，不认真分析，不充分了解，就一味批评指责，可能会酿成严重后果。

（二）言之无法，不计后果

挑明关系、公开批评是班主任处理中学生早恋问题的又一大忌。我们知道，即使中学生真的早恋了，也往往是暗中往来。他们既怕让同学知道，更怕让教师和家长知道。假如班主任发现了学生早恋的苗头，抓住了所谓的真凭实据，不给学生留面子，也不考虑他们的心理承受力，立刻挑明他们的关系，采取大会点名、小会批评，令其写检查乃至通知家长的处理方法，则会导致严重后果。班主任挑破窗户纸，把那种若明若暗的关系明朗化、公开化，会使当事人感觉失去尊严，因为自己的秘密被人知晓了。有的学生可能由此无所顾忌，越演越烈；有的学生可能觉得没面子，从此消极悲观起来；有的学生可能由于不服气而产生对抗情绪，痛恨班主任；有的学生甚至会以此为借口“私奔”，一走了之……所以，处理中学生早恋问题，不宜公开“热处理”，应该根据实际情况尝试用不同的方式去解决。

（三）言之无理，难以奏效

中学生一旦坠入情网，往往不计后果。两人的关系被公开后，他们在心理上会筑起一道墙，以抵御来自学校和社会各方面对他们的干预。这时对他们讲大道理，是难以奏效的。他们既不会认识到早恋的危害，也不想改变自己的行为。所以，与其对学生进行政治说教，直陈利弊，不如先降温，消除他们的对立情绪，慢慢消除他们的心防，之后再委婉地指出其危害和恋爱中应该注意的事项，告诉他们学会自我保护。

（四）言之无度，偏激偏执

用纪律处分、荣誉得失、停止上课、告知家长等威胁恐吓类的高压政策来处理中学生早恋问题，是教育方法的又一失策之处。

我们知道早恋对中学生来说，有其主观因素，也有其客观因素，况且这不是一件违法违纪的事情。有些班主任直接把早恋的学生定性为“品行恶劣”，把他们的行为上升到道德品质的高度进行批判，是大错特错的。早恋不是品行问题，而是成长问题。处理早恋问题，需要班主任的耐心和智慧，不能采取高压政策，更不能去威胁恐吓。

（五）言之无趣，冷嘲热讽

一般来说，早恋的学生对周围的舆论十分敏感，他们最担心的是受到孤立、歧视，遭到冷嘲热讽。假如在这种情况下，班主任有意无意地唆使同学孤立他们，讽刺挖苦他们，就会使他们感到如犯了弥天大罪，自己的一切优点、成绩全无，由此破罐子破摔，在错误的路上越走越远。这与班主任不正确的做法有很大的关系。

三、迈开智慧化解早恋的步伐

关于中学生早恋与青春期教育问题有很多方法可以有效解决，这里介绍几种，供班主任参考。

（一）在“调查了解”上下真功夫

实践证明，对学生刚刚萌发爱恋之情的教育和学生已完全坠入情网的教育，难度是不同的。前者引得好，教育得当，问题能很好解决，而后者需要做很多复杂的思想工作，如果教育不得法，还会加速学生早恋的进程，甚至会导致他们误入歧途。所以，对中学生早恋的教育越及时越好，平时要注意抓“苗头”。

没有调查就没有发言权，班主任在处理学生早恋的问题时，务必要慎重，一定要留心观察。

实践证明，当学生有以下行为时，班主任应引起注意：（1）经常有旷课行为，深夜不归；（2）追求打扮，讲吃讲喝；（3）经常与校外不三不四的人接触；（4）花钱突然大手大脚；（5）上课注意力不集中，精神恍惚；（6）突然沉闷不语、发呆；（7）异常兴奋，突然狂喜，失去常态；（8）学习成绩突然下降；（9）课上鬼鬼祟祟、嘀嘀咕咕；（10）饮食起居忽然不正常。班主任发现上述情况后，要特别注意研究该学生的情况，通过细心调查来确定其是否早恋。

（二）在“区别对待”上下大功夫

对于学生的早恋问题，班主任应具体情况具体分析，因人而异，对症下药，切不可不问青红皂白，一味批评指责。其一，要把男女同学间的正常交往同早恋区分开，不能一见男女同学在一起就认定他们早恋了，从而指责他们。其二，要把刚刚早恋的同已经早恋了一段时间的区分开，针对不同情况采取不同的处理方法。对前者，不必过严指责，注重讲清道理；对后者，在坚持正常教育的同时，还要配之以一定的措施，督促他们自觉地终止早恋行为。其三，对早恋的双方，要实事求是地分清主动者和被动者，工作重点放在主动者方面，对被动者应耐心规劝，不必严责。其四，如果双方都比较主动，一般来说，教育重点应放在女学生这边。

（三）在“低调处理”上下实功夫

古希腊神话中有这样一个故事：少女潘多拉从众神之主宙斯那儿得到一口箱子，里面装着人类的一切不幸。宙斯严厉禁止打开这口箱子，但越是禁止，潘多拉本能的好奇心越是难以按捺，最终她打开了箱子，使人类的一切不幸降临了人间。这个神话启迪我们：对学生的早恋问题不能一味采取堵塞、禁止的办法，这样会使他们产生逆反心理，越是堵塞、禁止，越易激发他们的好奇心，使其探求需要增强，对爱情的“渴求”也就愈发强烈。教育应以疏导为主，以禁止为辅。

发现学生早恋应该怎样疏导呢？有人说，孩子犯了错误就像上了房，硬逼他跳下来会摔伤的，要给他架梯子，保护他下来。狂风暴雨，寒霜酷暑，幼苗是受不了的。疏导就是要给学生“架梯子”，保护他们“下房子”。

一个八年级的女生，因为早恋学习成绩明显下降，有几门功课甚至不及格，班主任发现后，耐心地做她的工作，把她的母亲请到学校沟通时提出了两点要求：一是为孩子保密；二是不要打骂孩子，并商定在校老师帮助，在家家长教育。这位母亲回去后只字未提此事，每天放学接孩子回家，多次与孩子谈心。经过家长和学校的配合教育，这名学生认识到了错误，主动从“情网”中解脱了出来。

李镇西老师在一次讲座中曾提出这样一个问题："看到一对学生在校园里有亲热的行为，你们觉得该怎么做？"很多教师说要立即制止，影响太不好了，要家长把他们带回家，最好不要再来了。结果李镇西老师的回答出乎所有人的意料，他说："如果是我，我就当作没看见。最好趁他们没有发现时悄悄地离开，事后再教育他们。"

教育实践证明，对早恋学生的教育，最忌公开批评。有些班主任发现学生有早恋迹象就在班级点名批评，这是最糟糕的做法。还有的班主任发现学生早恋就指责其"行为不轨""作风不正派""道德品质不好"，这些不仅不能很好地教育学生，还会导致一些不良后果。

（四）在"情感升华"上下细功夫

进入青春期的学生，思想活跃，精力充沛，敢于冒险，性意识萌动，这会促使他们做出许多不该做的事，这时最好的教育方法就是顺应其心理特点，给予其正确引导。可以丰富学生的业余生活，发展他们的兴趣爱好，用各种活动吸引他们，使他们的情感得到分流和释放，转移他们的思想和精力，从而有效避免早恋现象的发生。

李银河教授指出，要通过引导和教育，使青少年的性能量实现升华和转移，如有益的创造活动和多彩的文体活动，同时让他们消除对人体本身的好奇，懂得如何调节、克服、缓解自己，提高性的社会化、文明化程度，从而降低有害身心健康、人格构筑和偏离社会规范的比率，预防性失误，使孩子们能够顺利地度过青春期。

通常，对学生处于萌芽状态下的早恋，最好的办法就是给予正确的引导。一位高中班主任，接班不久，察觉到班上有不少学生经常把"谁喜欢谁"作为话题，并津津乐道。班主任感到，首先应该让学生懂得：爱情，或者说，爱的情感，不是生活无聊或心灵空虚的点缀品和装饰物，而是人的情感世界中最珍贵的东西。

他对全班学生明确而又含蓄地说："我并不赞成中学生谈恋爱。但是随着你们身心的成熟，男女同学在接触中，又不可避免地会产生一种爱慕心理。这时候，我们应该让它深埋心底，久久地珍藏起来。因为它现在还只是一颗种子，需要和煦的阳光和清洁的空气，它需要找一块适合它发芽、生长的沃土。而你们——"他加重语气说："在中学期间，还不具备这样的阳光、空气和沃土。爱的种子在找到赖以生存的环境之前，是不能用生物激素来催其发芽的。怎么办？有一个办法，那就是将它珍藏在心灵的保险柜中，不要轻易地开启它。让爱的种子得到心灵的温暖和看护，它也就不会感到寂寞了。

而且它会散发出淡淡的清香，使你们时时能闻到来自生活中的茉莉花般的芬芳。”

这样一番演讲，使得心头发热的学生迅速冷静下来。

（五）在“启发引导”上下巧功夫

班主任在班级里分头开展男生、女生课程，让他们分别谈谈自己心目中的“女神”“男神”是什么样的，如何选择适合自己并且优秀的另一半。班主任要教男生如何去做一个男子汉，如何承担一份属于男人的责任；要教女生如何保护自己，如何做一个有气质、有能力的独立女性，如何在爱情和婚姻中保持独立自主，活出自我等。学生懂得了这些，班主任就不需要担心早恋问题了，因为他们学会了理性思考和理性选择。

坚持正面的启发引导，并不是排斥对学生进行严格的要求和必要的批评，乃至惩罚。一位优秀班主任针对中学生早恋问题提出：一要科学理解；二要约法三章；三要正确引导。这里的“约法三章”就是要教育学生树立正确的道德观、事业观、生活观、人生观等。学校和班主任应该经常对学生进行法治教育、道德教育，特别是要通过思想品德教育，提高学生明辨是非的能力；在班级内营造“学生阶段应以学业为重”的氛围；对那些确实有越轨行为的学生，当惩则惩，绝不能姑息，而对大部分学生，则进行正确的“交友观”教育。

（六）在“和谐氛围”上下硬功夫

班级和谐氛围的表现，一是师生关系和谐，二是班级环境和谐。要创设和谐的氛围，班主任需要做好以下四个方面的工作：一是教育学生建立真诚友好的人际关系；二是提倡并鼓励男女同学之间正当交往，以打破男女之间的“神秘感”，满足青春期学生异性交往的心理需求，减少早恋现象；三是引导学生以人之长补己之短；四是组织各种有益、有趣的活动，调节学生紧张的学习生活。如果只有读书，班级是很难有活力和凝聚力的。中学阶段，没有活力和凝聚力的班级表面上也可以维持一个班级的形态，但或早或晚总是会发生一些事情，因为只读书太枯燥，而外界又有许多吸引学生的东西，而且他们有无限的精力等着去发泄。魏书生在《班主任工作漫谈》中指出，只有让班级人人有事做、人人有“责任田”，班级才能有序地运转起来。所以，班主任应该适当地组织一些有益的班级活动。

班主任在开展工作时，不论有多少种方法，前提一定是真诚和信任。我们来看下面的案例。

找缺点

浙江省嘉兴市第五高级中学　熊国红

某男同学是八年级学生，成绩优异，父亲是清华大学的教授，母亲是报社的一名记者，该同学在班级担任班长职务，品学兼优，人见人爱。

一天放学回家，他执意与班主任同行，走到半路，吞吞吐吐地向班主任坦言：他“早恋”了。下面是师生对话。

生：老师，我喜欢上一个女生，这几天，我多次向她暗示，可是，她理都不理我，我精神都恍惚了，我该怎么办？我计划明天向她明说，你说行吗？

师（心里一慌，这么令人放心的学生都“早恋”了，该怎么办呢）：你先说说看，你喜欢谁？

生：我喜欢某某某（班中的文艺委员，能歌善舞，成绩优异）。

师：你真有眼光，老师也觉得她是一个非常优秀的同学。

生：那我明天向她说明好不好？

师：老师问你，你觉得她哪些地方好呢？

生：她漂亮、团结同学、有才能、乐于助人……（不假思索地说出了十几条）

师：那么她的缺点是什么呢？

生：我觉得她没有缺点，她在我心中是完美的。

师：怎么会呢？是人都会有缺点的。老师就觉得她有很多缺点。

生：是什么？

师：我不能说，你自己试着只找她的缺点好吗？

生：那我明天还跟她说吗？

师：一个六个月大的孩子，已经可以吃辅食了，我们给他断奶，让他每天吃烤鸭、鸡腿、汉堡行吗？

生（笑了）：当然不行，烤鸭虽好，但他没牙啊！

师：对啊，爱情虽好，但老师觉得你也没有到尝试爱情的时候。据我所知，你的志向是考上清华大学，而恋爱是需要用时间来谈的啊。我们一起看看你有多少时间谈恋爱：早晨闹钟响两次还不起床，非得要妈妈从被窝中拽出来是吧？（学生不好意思地笑了）起床后，你还要读英语，吃早饭，上学，上午上五节课，中午你还要回家，写作业，下午上课，晚上回家后，你还要看半小时的体育新闻，写作业，每天都要到晚上10点钟。你到底有多少时间谈恋爱呢？

生：我可以不看体育新闻，我保证不会耽误学习。

师：我们一起设想一下现在的情况：你已经给她暗示好几次了，她都没有理你，可能存在几种情况。第一，她根本就不喜欢你。女孩子比男孩子发育要早，你的行动在她看来，可能非常滑稽可笑。如果你明天向她表白了，你是不是觉得你的感情受侮辱了？第二，有可能她也喜欢你，但你想一想，你是男孩子啊，你的责任很重，她那么优秀的一个女孩子，肯定能考上一所好大学，如果你不努力，没有考上清华大学，她会从心里看不起你的（该男生早就在班级中说过他要考清华大学），哪个女孩子会喜欢一个没有成就的男孩子呢？第三，真的像老师所说的，她怎么会没有缺点呢？试着找找她的缺点，理性地评价一下她，看看你是否还那么喜欢她。

半年后，该男生又找到老师。

生：老师，她怎么那么自私啊？（评价班级中的一件事情）

风波过去了……

【感悟】这是我听的全国优秀班主任任小艾讲的一个案例，我觉得，任老师之所以能将事情处理好，有以下几个因素。

1. 对早恋，她没有一味批评学生，而是首先表扬学生有眼光，根据材料中的男同学的实际情况来看，是非常合适的。

2. 学生能够将早恋的事情告诉任老师，说明任老师早已受到学生的爱戴和信任，这是做好班主任工作的前提。

3. 谈话中，对于不太好直接回答的问题，任老师采取了回避引导的方式，始终让学生跟着自己的思路走，而又没有生硬的痕迹。但在实际中，和感情相关的工作很难有一模一样的例子可以借鉴。我认为，只要你的做法既能引发学生的理性思考和进取精神而又不致使其反感，就比简单粗暴的干预方式要高明得多。

4. 做一个优秀的班主任，需要有很多点子和主意，但自己的主意来自对知识的涉猎和吸收，平时看的有关教育方面的书籍，虽然好像一时用不上，但实际上教育观念和教育方法在潜移默化中已经发生改变了。

（七）在“家校配合”上下软功夫

父母与子女的关系，确定了他们在青春期教育中的特殊作用。一个智慧的班主任应该做好家长的“教育指导师”。家校形成合力，才会有好的教育效果。第一，通过举办家庭教育讲座对家长进行培训；第二，组织家长座谈，交流教育经验；第三，指导家长与子女开展心灵对话；第四，与“特殊学生”家庭保持密切联系。最重要的是，在具体的问题上，要求家长一定要和教师保持一致。请看下面的案例。

我做了棒打鸳鸯的王母娘娘

四川省泸县石桥镇学校　陈正树

一天，学生小燕的妈妈在街上遇到我，告诉我，她偷偷地看了孩子的日记，孩子跟班上的小勇关系不一般，好像在谈朋友。当时，小燕妈妈很着急。我立刻将小燕妈妈叫到一个安静的地方，问清楚孩子的日记里究竟写了什么。小燕妈妈告诉我，有一天小勇给小燕写了一张纸条，说喜欢小燕，希望和她建立朋友关系。而且，小勇经常在小燕面前献殷勤，又帮她扫地，又帮她打饭。小燕与小勇在小学就是同学，而且一直都在班上当干部。小燕妈妈告诉我，孩子不知道她看了日记，她还没有找孩子交流这件事。我对小燕妈妈说："到了初中，有同学表示喜欢或爱意，这是很正常的事，希望你像往常一样，装做什么都不知道，开学后我来处理，同时希望你不要再偷看孩子的日记。"小燕妈妈半信半疑地回了家。

开学后的一天中午，我把在操场上活动的小燕叫到办公室（没有其他人）。她当时很紧张，不知道我要给她说什么。我先从寒假生活谈起，再谈感觉哪些学科学起来有困难，然后我们谈每个教师，问她喜欢什么样的老师，不喜欢什么样的老师。最后谈到喜欢什么样的同学，不喜欢什么样的同学。她不再紧张之后，我问她："你是不是和小勇同学走得太近了，能把情况给老师说说吗？"于是她把和小勇从小学到初中的交往全部说了，并且说实在不想伤害他，才答应和他好的。我对她说："有人喜欢不是坏事，如果能保证一生都有人喜欢那就更好了。这件事我一定会给你保密，保证不会和任何人说起，但是你要婉言拒绝小勇提出的单独来往的要求，和他保持正常的同学关系。你可以告诉他，'现在我们还小，还有许多知识没有学到，你拿什么养活我？希望你好好学习，等我们有了工作，如果有缘，我一定等你'。"

小燕按照我教的对小勇说了。小勇那几天心情很不好，天天垂头丧气的。于是，我悄悄找他谈了一次话。告诉小勇我不会说出去的，也不会批评他。他把情况告诉了我。我对他说："人家并没有拒绝你，其实是在考验你，希望你以后有本事。如果你真喜欢她，就好好学习，不要叫人家失望。"过了几天，小勇的情绪明显好转，考试也有了明显的进步。小燕和小勇还是班上的班干部，处得很好。

多年后的一个暑假，一个偶然的机会，我遇到小勇，如果不是他先叫我，我根本认不出他。小勇很感谢我，他说，如果当时他和小燕的事闹得满城风雨，他不可能顺利考上重点高中，也不可能考上重点大学。现在他大学毕业了，在北京开了一家公司，妻子也是学建筑的，一家人很幸福。

一个有耐心和智慧的班主任，一个听从了班主任建议的家长。在这个案例中，我们欣喜地看到了学生幸福成长最好的模样，这也是我们希望看到的教育！

面对早恋，班主任要顺其自然地积极引导，教学生如何去对待感情，恋爱中如何去保护自己，如何在对美好与优秀的追求中实现人生的升华。

当然，青春期情感问题的解决不仅在于班主任和家长的努力，还需要学校将情感教育纳入日常课程，主动、系统地引导学生的情感活动。

第 12 章

给予学生有效的学习指导

在很长一段时间里，很多人认为一个班级的学习成绩是衡量班主任工作水平的重要依据，学生有效学习要依靠教师教、自主学、外力管（督促）三个方面共同作用。其实，班主任是学生学习的重要指导者和促进者。

全国优秀班主任董大方讲过这样一件事：

一天，我们班一个学习很好的学生愁眉苦脸地问我："老师，我对历史课不感兴趣怎么办？我的历史成绩总是那么低，怎么办呢？"我说："你是一个优秀的学生，我不给你解答，这个问题我只帮助学习差的学生解答。我不但不给你解答这个问题，过一段时间我还要让你回答我几个问题。"她问："哪几个问题？"我说："第一，你是如何对历史课感兴趣的？第二，学习历史有哪些好的方法？"她眨眨眼睛，看着我笑了，调皮地说了一句："您真不讲理，没有回答我的问题，反倒给我出了两个问题。"

一个月后，她告诉我："老师，我对历史课感兴趣了，这次历史考试我得了高分。"我问："你是如何使自己对历史课感兴趣的？"她神秘地告诉我："方法很多。第一，问历史学习好的同学，他们是如何对历史课感兴趣的，他们是如何学习历史的。第二，问自己，其他学科是如何学习的，是如何感兴趣的。第三，把您教我们的数学学习方法迁移到历史课中来。"

她的第三个方法我特别感兴趣，问她："数学学习的方法如何迁移到历史学习中来？"她自豪地说："迁移的方法很多，如数学学习中建立联系的方法对我就很有启发，我学习历史时也把要学习的新知识与前面所学的知识建立联系，找出联系点、相同点、不同点。又如，整理知识结构的方法，我把所学的历史知识也整理成知识树或列成知识结构表。还有猜想法，学习历史时，老师讲课之前我先猜想一下会发生怎样的事情，根据每一个历史人物的性格特点猜想他会怎样处理问题。还有讲解法，我像学习数学一样把自己学习的历史知识讲给某个同学。还有一个方法，就是每学习一课，我就出一些问题考考自己。”

她的回答让我目瞪口呆，我只说了一句话：“你真聪明！”

可见，喜欢学习的学生不是教师教出来的，而是教师影响出来的，是教师鼓励出来的。班主任要做学生学习兴趣的引领者，促进学生成长成才，这是时代赋予班主任的任务。从董大方老师的做法中可以看出，班主任的工作对学生学习成绩的影响是巨大的。班主任的工作直接关系到每一个学生的学习成绩和智慧成长，甚至是学生的前途和命运。所以，加强对学生学习兴趣的引导和培养，是帮助学生健康成长的基本前提。

一、学习方法是需要学习的

知识需要学习，方法需要学习吗？答案是肯定的。不仅需要，而且方法的学习是更重要的学习。授之以鱼，只供一饭之需；授之以渔，则终生受用无穷。研究表明，当前无论是小学生还是中学生，都是渴望得到学习指导的。李敏老师讲了自己的经历：

我曾教过一个姓胡的学生，据说她小时候说话一板一眼，背诗一套一套的，谁见了，都说她是个聪慧的孩子。可是她上学后，这种聪慧非但没有表现出来，反而越落越远。家长着急，找老师补课，无效。

此后，我天天都在琢磨她的事。一天，我讲完课，让学生做练习。我一边巡视，一边下意识地重复讲过的加法交换律，一回头，发现她正目不转睛地盯着我，我立刻感到有些诧异。

“你在干什么？”我问她。

“我在听你讲加法交换律呢。”

“怎么不做练习呢？”

“刚才您讲的我没记住。”

我马上意识到她的学习方法有问题。

第二节课正好是数学练习课，我边讲课边观察，发现她的眼睛总是盯着我。我叙述黑板上写的话，她也不看黑板。我初步认定她是不会听课，不会学习。

下课后，我把她叫到一边，和她进行了一番有趣的对话：

“讲课时你为什么总不看黑板呢？”

“我想把您讲的话都记住，不盯住您怕落下。”

“当你背书上的法则时，是想方框里的字，还是想老师在课堂上怎样讲、怎样算的呢？”

“我想方框里的字是怎样写的，哪个字挨着哪个字。”

我证实了自己的判断。

从此以后，我开始对她进行个别指导，这指导不是指导怎样做题，而是指导她怎样听课，怎样看书，怎样做作业，怎样预习……她渐渐会学习了，成绩也慢慢上来了。

这件事对我触动很大，我的教学观从此从重“教”开始向重“学”转变。我认为教师在教学中不但要注重让学生会学，也要注意训练学生善学。任何知识都有规律可循，学生掌握知识的过程，在一定意义上说也是寻找规律的过程，找到规律就能会学，会找规律就能善学。沿着找规律的轨迹发展，学生的学习技巧就会得到培养。

笔者曾对100名中学生进行调查，在上了初中以后，对学生学习和成长不利影响因素的11个选项中，有85名学生选择了“学习方法不当，缺乏自主学习能力”。

有人进行过一项“关于学生对教师的意见”的调查，排在第四位的是“希望各学科教师教我们一些切合实际的、见效的学习方法”。还有一项调查表明，51%的小学教师和55%的初中教师认为，部分小学生不适应初中学习的主要原因是学习方法不正确。

这些调查充分说明，学生在学习中不仅希望获得知识，更希望获得学习方法。从学习效率看，在班级里常常会有这样的情况——用同样的时间学习，有的学生收获大，而有的学生收获小；甚至有的学生学习所用的时间并不多，轻松愉快，学习成绩却很好，而有的学生起早贪黑、忙忙碌碌，不玩、不看电视，学习成绩却不理想。这是为什么呢？学习不仅要看用多少时间，还要看是不是效率高。所以，在教学中，班主任有责任和义务指导、帮助学生提高学习效率。

什么样的学习是低效的呢？下面这些是学生做的归纳。

吴×：我认为无效或者低效学习的表现就是不注重理解，只盲目地死记硬背。比如，背课文应先读熟，理解后背诵才又快又好。如果只顾一字一句地死背，既浪费时间，还容易忘记。背数学概念也一样，要先理解，才能灵活运用，不能生搬硬套。

杨×源：我认为既浪费时间学习收获又小的做法是，在老师没有布置学习任务的情况下，不知道干什么，不会利用时间，不能独立学习，也就是不能“活”学。

孙×元：我认为学习是有窍门的，预习、上课、复习、背诵都有窍门。学习不找窍门只顾蛮干就会浪费时间。

陈×宇：我认为“轻课内、重课外”学习效率最不高。也就是说，上课不注意听讲，回到家里才“用功”，即使学习到半夜效果也不会太好。上课时没有听明白老师讲的内容，自己看时只能看表面，而无法深入理解。这就是教师说的“用功”没用到正地方。

魏×楠：只顾做笔记，不注重理解，耽误听课。有的同学为记笔记而记笔记，笔记的内容是什么都不清楚。记了笔记，过后也不看。这样学习既浪费时间，收获又小。

毕×芸：我认为无效学习的表现之一是过多地做笔记。因为就小学高年级来讲，主要是培养口头表达和分析问题的能力，如果过多地做笔记，第一，不能锻炼这两种能力；第二，不便记忆；第三，浪费时间。所以不宜过多做笔记。

路×：读书不专心，一边学习一边玩，效率会很低。如一边看电视一边写作业，这样学没学好、玩没玩好，虽然学习时间很长，但效果不好。

王×威：已经掌握的东西反复做，搞不必要的重复性劳动，效率会比较低。如非常简单的题，还做很多遍，写两遍就能记住的生字非要写十遍，这样特别浪费时间。

张×顺：学习不会抓重点，平均用力，结果把时间过多地浪费在非重点内容上，而重点内容没有得到重点学习和巩固。

杨×：忽视课外学习，只看语文书、数学书，死抠书本，知识面狭窄。不听广播，不看电视，不看课外书，不唱歌，不上体育课，埋头书本，成绩却不好。

王×：只顾死记硬背，不注重灵活运用，有时只装模作样，表面看是学习，实际是在浪费时间。要学就应扎扎实实学，要玩就要痛痛快快玩。

除此之外，学习效率低还有以下一些表现。

（1）每次学习前犹豫时间很长，浪费时间。如晚上要学习了，看看这、摸摸那，磨磨蹭蹭时间就过去了。

（2）舍本求末，教材上的内容还没弄懂，就忙着解数学竞赛题，去解偏、怪的题。

（3）学习拖拉，一件事不能一次性完成。如一篇作文两周还没写完。

（4）情绪不好，心绪烦乱。有的学生或因同学间的摩擦，或因与教师的冲突，或因受家长的训斥等，内心烦乱。有的学生因焦虑、忧郁、嫉妒、愤恨等不良情绪，不能有稳定的心态，学习时坐不住，钻不进。在这种状况下，学习效率很低。

（5）贪玩。贪恋游戏、短视频、小说、电视等，导致学习时老走神，学习效率低。

（6）学习生活无秩序、无计划，课前准备不足。如书包里的书本摆放没有顺序，上课了才打开书包，一通乱翻，书找到了没有笔，笔找到了又不能用，宝贵的课堂学习时间白白浪费了。

二、学习指导是一门科学

班主任要做好学习指导，首先对学习指导要有所了解。

什么是学习指导？它是指教师通过一定的途径对学生进行学习方法的传授、诱导、诊治，使学生掌握科学的学习方法并灵活运用于学习之中，从而逐步形成较强的自学能力。

掌握方法有助于形成能力，但是方法不等于能力。学习指导绝不是我告诉你一种方法，你马上就有了运用这种方法的能力。指导学生学习不仅是让学生弄懂某种方法，更主要的是使学生形成某种学习能力。能力是学生在学习实践中形成和提高的。这就需要班主任在指导过程中，不仅要让学生懂方法，更要引导他们去用方法，使学生在学习过程中培养习惯，形成能力。

通常，学生学习方法的指导体系包括以下几方面的内容。

（1）培养非智力因素的方法（培养动机、兴趣、信心、意志、习惯等）。

（2）培养智力因素的方法（培养观察力、记忆力、想象力、思维力等）。

（3）制订学习计划的方法（确定学习目标，分配学习时间和力量）。

（4）“五环节”的基本学习方法（预习方法、听课方法、复习方法、作业方法、小结方法）。

（5）应对考试的方法（考前复习方法、临场心理调适方法、答题方法等）。

（6）课外学习的方法（课外阅读、课外活动、课外休息等）。

（7）学科学习方法（结合各学科教材特点学习的方法）。

进行学习指导要教、学、管相结合。对学生的学习指导，仅提供方法是不够的，还应坚持改进教法，指导学法，加强管法。改进教法是把对学生的方法指导纳入具体学习活动中，而不能脱离学习过程孤立地讲方法。指导学法是在学生学习困惑之时，在潜移默化中给予学生方法指导。加强管法是指培养学生的非智力因素、教给学生学习技巧。从知到行是一个实践过程，学生自制力较弱，因此需要一个训练过程，需要一个督促强化的过程。这是一个把方法技巧变成习惯和能力的过程，也是把智力因素和非智力因素变成信念、习惯和能力的过程。相对于学科教师对学生的学习指导，班主任在“管”方面起的作用更重要。

三、怎样进行学习指导

学习指导的内容很广泛，这里谈几个重点问题。

（一）学习动力的指导

著名教育家苏霍姆林斯基说：“如果学生没有学习愿望的话，我们所有的想法、方案和设想都将化为灰烬，变成木乃伊。”大量的教育实践证明，一切成功的教学都离不开调动学生学习的积极性。学习指导也是这样，要让学生会学，先让学生爱学。因此，学习指导一定要研究学生的学习动力指导问题。通常，学生开展学习活动要靠动力系统和操作系统来支持完成，如图 2。

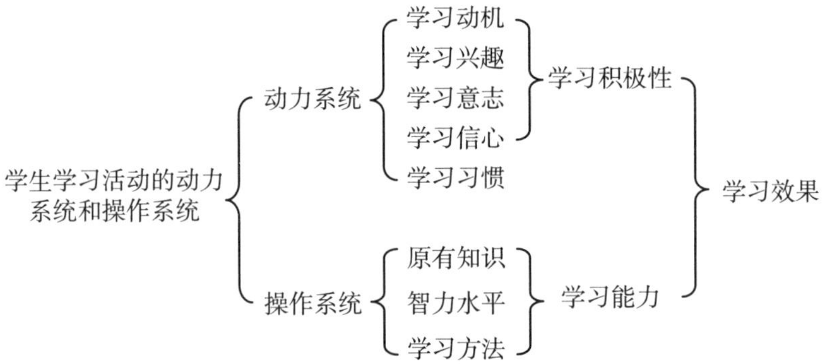

图 2　学生学习活动的动力系统和操作系统

学生学习活动的动力系统和操作系统作用是不同的。动力系统对学习活动起着定向、强化、促进、保证作用，主要解决想学、爱学的问题。操作系统是学习的技巧、策略、手段、途径，主要解决会学、学会的问题。二者缺一不可。

怎样进行学习动力指导呢？

1. 低起点，小步走，多活动，快反馈

优秀班主任董大方是这样做的。

七年级下学期开学，我们班转来一名学生，学习不好，自由散漫。观察他一段时间后，我发现他很聪明，就是学习不努力，学习习惯不好。

期中考试后，我找他谈话，帮他分析成绩，问他有什么计划。他说："我太笨了，学习不行。学习好的人都是特别聪明的。"我点了三个成绩略高于他的学生的名字问他："这几个学生学习怎样？"他回答："不好。"我问："你追上他们有困难吗？"他笑着说："太容易了，他们比我强不了多少，每科只是高几分。"我告诉他："你的目标就是追上他们，他们怎样学你就怎样学。"他很自信地答应了。

期末考试，他真的追上了他们。成绩出来后他对我说："老师，我说话算数吧？"以后每隔一段时间我就给他指出几个追赶的目标，这几个学生只是略强他一点点。我告诉他："要想追上他们就要了解他们，了解他们是如何学习的，了解他们是如何思考的，了解他们是如何战胜困难的。"他每次都爽快地答应。为了追赶别人，他常常主动与追赶的对象研究问题，升入九年级时，他已经是班里的优秀学生了。

（选自：董大方《我这样教数学》，大连理工大学出版社，2009 年出版，有删改）

董大方老师的这个做法之所以有成效，是利用了小目标激励学生的办法，就是根据潜能生的特点把目标分解，采取"低起点，小步走，多活动，快反馈"的方式，收到了较好的效果。

2. 培养学习意志力

无数事实证明：成才与自学有关，自学与毅力有关，毅力与自控有关。一个人没有顽强的自控力、坚强的毅力，要想获得优异的成绩是不可能的。怎样才能培养坚强的意志力呢？我们听听"学霸们"怎么说。

（1）树立学习理想。

栾 ×：要培养意志力，首先应该树立理想，制订学习目标。为了目标，为了明天，每节课都不能马虎。

包 × 芳：培养意志力就是要有韧劲，吃苦耐劳，坚持不懈。只要下决心干的事就一往无前，不达目的不罢休。比如，遇到难题不能轻易放弃，要先独立思考，实在想不出再请教别人。

王 ×：培养意志力，要先有社会责任感。要像周恩来年轻时那样"为中华之崛起而读书"，经常想到自己的责任，学习遇到挫折时才能不灰心，才能下决心学下去。取得好成绩时不能骄傲自满，应继续努力。

（2）制订学习计划。

胡 ×：根据自己的实际情况，制订学习计划，然后根据学习计划学习，天长日久，意志力就能得到培养。

吴×：应该有长远的学习计划，并确定学习目标，严格要求自己，做到当天的事当天做，不拖拉，长久坚持就能培养自己的学习意志力。

孟×：当你制订了学习计划担心自己不能完成时，可先让别人督促你，逐步养成习惯就好了。

（3）培养恒心。

杨×丹：学习不能没有恒心，学习对每个人都是公平的，关键是持之以恒，不能三天打鱼两天晒网。使劲学两天，又放松几天，这样学习是搞不好的，意志力也培养不起来。

杨×：培养毅力与长跑相似，在跑道上，前几圈跑得太快，后几圈就跑不动了；前几圈跑得太慢，后几圈就跟不上了。学习也一样，要有始有终，始终如一，不能高兴了就学，不高兴了就不学。

卫×蕊：培养意志力，自信心很重要，不要遇到困难就退缩，要相信自己能克服困难。

于×：人生最大的困难是战胜自己的懒惰。人要想有毅力，就要和轻闲懒惰斗，要说到做到，不放纵自己。

孙×：每天坚持写一篇日记，总结、检查、监督自己。

李×：把学习当乐趣，而不能当负担，努力培养学习兴趣，同时也能培养意志力。

（4）“强迫”自己学习。

安×：培养意志力就是要有克制力。课堂上心总静不下来，就无法全身心投入学习中。课堂上想说话、搞小动作时，应该努力克制住。晚上复习和看电视发生冲突时应该克制看电视的欲望。切记：克制，克制，再克制。

王×娜：每次学习前先确定好学习目标——完成哪些学习任务，然后下决心，不完成，绝不干其他的事。

佟×铭：要学就学个踏实，安下心；要玩就玩个痛快，不惦念学习。

卫×蕊：想玩的时候，就在纸上写下“静心”二字。

（二）学习计划指导

制订学习计划会使学习、生活、休息、娱乐有规律。先干什么，后干什么，什么时间干什么，有了顺序，既节省时间，又有劳有逸。

实施学习计划应注意这样几个问题。

1. 目标具体，有所遵循

学习计划不能仅仅只是列大纲，制订的内容和时间必须具体，真正做到定内容、定要求、定时间、定方法。如学习对脑力消耗非常大，所以不要长时间学习，要适当加入休息时间，劳逸结合。在安排学习计划时，不要长时间地从事单一活动，学习和锻炼可以交替安排，因为锻炼时运动中枢兴奋，而其他区域的脑细胞就能得到休息。安排科目学习时，要文理交替，相近的学习内容不要集中在一起学习。另外，还要注意提高学习时间的利用率。早晨或晚上，或一天学习的开头和结束的时间，可以安排注重记忆的科目。心情比较愉快、注意力比较集中、时间较充足时，可以安排比较枯燥，或自己不太喜欢的科目；零星的、注意力不易集中的时间，可以安排做习题和自己感兴趣的学科。这样安排，可以提高时间利用率。

2. 切合实际，便于操作

计划应该从实际出发，根据个人学习情况制订。如有些学优生在常规学习之外还会补充许多课外内容，而基础差的学生则应该把主要精力放在自学缺漏知识和弄懂课本内容上，掌握课堂内容后，有精力再安排其他内容的学习。

3. 计划留有余地

为了保证计划顺利实施，计划不要定得太满、太死、太紧，要留有余地。如有的学生为了取得好成绩，从早到晚，学习时间和学习任务都安排得很细，时间卡得很死。表面上看，这样的计划很翔实，其实不利于学习。学习计划应是粗线条的，在实际学习过程中是可以根据具体情况随时调整的。

“想，壮志凌云；干，脚踏实地。”做计划要敢想，计划做出来之后，关键还要去贯彻执行，要用毅力和决心，持之以恒地去落实，学习才能有成效。

（三）常规学习方法指导

预习—听课—复习—作业四个环节，是学生学习的常规和基本方法，而课前预习作为学习活动的第一步，具有十分重要的作用。

课前预习能提高学生的学习效率。学生通过预习，对新知识有了初步了解，学习时就能做到心中有数，便于抓住学习的重点和难点。

1. 指导学生有效预习

什么样的预习方法是有效的呢？以下同学谈了自己的体会。

王×：我是根据各科的特点进行预习的。如常识课，熟读课文，明白其中的意思；语文课，根据课后问题在文中找出重点词语、句子；数学课，理解概念，记熟公式；地理课，了解新课内容，查一查新课中的有关地名并试着在地图上找到其位置。

刘×：我是这样预习语文的：通读全文—分段分层—抓重点词句—想目的。

王×娜：数学课，背概念，然后分析应用题；语文课，分析课文，划分段落，写预习笔记；历史课，先阅读课文，记住朝代和相关人物。

孟×：我预习数学的方法：（1）看例题，了解讲了什么；（2）看例题的解题方法；（3）看例题的提示，明确做题时要注意什么；（4）理解重点词句。

陈×宇：我经常预习的是语文、数学、英语。这里说一说预习数学——先把例题弄明白，然后对照书中的法则、定义、公式，把书上的题做一做。

王×子：我认为无论预习哪一科，都应做好笔记，特别是要将疑难问题记下来，以便课堂上重点解决。

预习时，可以采取灵活多样的方法，如可以在书上画线；可以在书的空白处写批注提要、心得；可以在书的空白处做简单练习。自己不懂的，可以打上问号，以便课堂上解答。预习后想一想：下节课老师要讲什么？哪些内容自己已经懂了？哪些还不理解？哪些内容要记住？哪些方法要掌握？等等，这样回忆可以检查预习的效果。

另外，预习时还应该注意这样几个问题。

（1）独立思考，注意实效。有的学生预习，只是简单翻翻书本，草草了事，显然没有达到预习的效果。预习时要读进去，要深入教材中，不“走过场”；针对重点内容细读、深思；读不懂、想不通的地方，提出疑问；遇到新的公式、定理、定义，要认真琢磨。

（2）从实际出发，方式多样。不同阶段、不同学科、不同教材、不同学生，预习的要求也不同，不能“一刀切”，不然会加重学生的学习负担。从预习的科目看，大多数学生应重点预习语文、数学、英语，其他科应根据个人的具体情况来定。以上三科也要区别对待，不能平均使力。

（3）要安排好时间。预习的时间，要根据个人学习计划来安排。如果时间很紧，可以先大概看一遍下节课要讲的内容，进行初步了解。一般来说，一节课的内容，课前花15分钟左右预习一遍就可以了。预习不强求把所有问题都弄懂，留些问题等到课堂上听教师讲解，也是正常的。

（4）要形成习惯。滴水，经久不息可以穿透顽石；微雨，稀疏不断可以滋润幼苗。预习不能靠一时的心血来潮，应坚持不懈，形成习惯，这样才能卓有成效。

2. 指导学生认真听课

（1）为什么要认真听课？在各个学习环节中，听课是最重要的。认真听课，就成功了一半。认真听课是最好的学习方法，课堂学习是收获最大的学习。如果课堂上不认真听讲，无论多聪明的学生，也很难学好。

（2）高效率听课。会不会听课，既有心理因素的作用，也包括方法策略问题，下面是一些学生的听课体会。

李×：要高效听好每一节课，应该掌握下面的方法和要领。（1）上课前先回顾一下上节课的内容，以便和新课建立联系。（2）带着预习中不懂的问题听课，注意听老师的讲解。（3）集中精力，老师讲到哪儿，自己的思想就跟到哪儿，同时积极思考老师提出的问题。（4）多问几个"为什么"，对每一节课、每一道题，要做到当堂"消化"，不留"尾巴"。（5）做好课堂笔记，把老师分析的步骤及重要内容记下来，以帮助自己记忆和复习。

于×：听好课，关键在于注意力集中，全身心投入。心静，不想其他事，课堂上不交头接耳，不搞小动作。

路×：要有效地听好每一节课，就要时刻紧跟老师讲课的思路，老师讲到哪儿，就想到哪儿，紧盯住老师，眼到、口到、心到，要眼睛看着黑板，耳朵听老师说的话，脑子想老师提出的问题，并迅速做出反应。

孟×：听课时不能懒，要积极动脑思考，不要等老师"喂"，积极联系学过的知识理解新知识。尤其对预习时没搞清楚的问题，上课时要格外注意听。

张×欣：上课时应该积极发言。不懂的问题不能放过，不能不懂装懂，要举手问老师，直到弄明白为止。

王×青：听课时要抓住重点和难点。重点关注：一是预习时发现的问题（如课本注明的问题或书后习题）；二是老师在讲课时提出和强调的内容，如课上提示的"注意""重点记住""主要掌握""一定理解"等；三是老师课前提出的教学目标和重点，或提醒要注意的问题；四是课堂要结束时概括小节的内容。

付×：我觉得上课时还要学习老师分析问题的思路、方法，把自己的思路和老师的思路做比较，从中找差距。

（3）做课堂笔记。

李×君：课上，要处理好听和记的关系。上课应该以听为主，不要为记笔记而记笔记，在听好的基础上记笔记。听时要专心，记时要挑重要内容概括地记。我记笔记有两个方面：一是摘老师讲的主要内容；二是由主要内容拓展的内容。

王×子：记笔记时应有所选择，不能漫无边际，什么都记。着重记重要的地方或自己不懂的地方，不懂的地方下课要向老师请教。另外，要处理好听和记的关系。不能听时顾不上记，记时顾不上听，应边听边记，听时认真，记时要快。

鲍 ×：课堂笔记要详略得当。我记笔记的方法有两种，一种是直接在书上记，就是把老师讲的重点问题标记在书上，或书的空白处。另一种是在笔记本上记。

丛 × 莎：记笔记应该抓住时机，老师讲时要认真听，见缝插针记笔记。

李 ×：我在课堂上不会占用大量时间记笔记，多是课后整理笔记。我的笔记有提纲式和小标题式两种。整理笔记时应抓住这样几个问题。①忆。课后抓紧时间，对照书本、笔记，及时回忆有关知识，这可以同复习结合起来。②补。课堂上记的笔记常会出现缺漏、跳跃、省略，甚至用符号代替文字等情况，课下应及时进行修补。③改。对笔记中的错字、错句及其他不够确切的地方进行修改。④编。用统一的序号对笔记内容进行提纲式、有逻辑性的排列，使笔记有条理。⑤以文字、符号、代号等划分笔记内容的类别，为分类摘抄做准备，使笔记具有系统性。⑥舍。把无关紧要的笔记内容舍去。⑦集。将同类的知识抄在同一个本子上或同一个本子的同一部分里，也可以用卡片分类抄写，使笔记具有资料性。

（4）保持注意力。

孟 ×：学习应全身心投入，心中想着自己的理想和奋斗目标，把学习当作第一任务，这样就有了责任感，就会约束自己一心一意去学习。

李 ×：对学习有浓厚的兴趣，把上课作为一种乐趣，满足自己的求知欲，这样就能保持注意力。当然，兴趣在于培养，要培养兴趣，先要认真学习，获得成功就会产生兴趣。

吴 ×：我认为，要保持注意力，就是要进入课文中，进入情境中，跟着老师的思路走，被学习内容吸引了，就不会想其他事了。

叶 ×：为了防止课堂上思想溜号，上课之前应把不必要的东西收好，特别是不要把容易分散自己注意力的东西带到学校。上课时，老师不让拿笔、翻书时就不要动，学进去了，自然就能保持注意力了。

张 × 举：要一边听一边记笔记，用笔记来牵制自己，使自己保持注意力。还有就是课堂上要积极发言，参与讨论，以此牵制自己。心想学习，就会忘了其他的事。

杨 × 丹：有一个办法可以防止注意力分散，就是眼睛总盯着老师和黑板。另外，可以和同学约好，出现溜号或犯困时，互相提醒一下；也可以经常用伟人、名人和班级优秀学生的模范行为提醒、要求自己；还可以用名言警句来提醒自己。

3. 指导学生做好复习

如果将预习比作深翻地，为播种知识的种子做准备的话，听课就是播种，并使之发芽、开花、结果的过程，复习就是把知识的果实收起来，装进仓库。没有复习，很多知识的果实就可能丢失。复习能加深对课本重点、难点知识的理解，通过复习，使知识系统化，并为运用新知识、培养新技能做好准备。下面是一些“学霸”谈的他们复习的策略和方法。

（1）及时复习，趁热打铁。

高×：刚学完马上复习效果较好，过了很长时间再复习，效果就不太好了。所以复习应该趁热打铁，一课一巩固，不要等知识快忘了再复习。

孟×：我认为及时复习很重要，因为及时复习老师当天讲的内容，可以把“模糊”转为“清楚”。另外，因为重视了平时的复习，所以很多知识记忆起来又快又轻松。到考试时再去起早贪黑地搞突击，学习效果一般不会好。

孙×：以前我并不是一课一复习，而是几课一复习，有些字、词、句的意思就被淡忘了，知识学得非常不扎实。现在，我一课一复习，知识学得很扎实，不容易忘记。

德国心理学家艾宾浩斯通过实验研究发现，遗忘是有规律的，这个规律就是“先快后慢”。即学习结束后，一开始遗忘得多、快，后来遗忘得少、慢。上完一天课后，教师讲课的声音、体态还萦绕在脑海里，知识印象还很深，这时无论是看书，还是写作业，都能更快地掌握并运用所学知识，效果也比较好，省时省力，学习负担轻。反之，如果不及时复习，考前搞突击，效果就很差了。

在学习中，班主任要尽可能帮助学生树立“今日功课今日毕”的观念，与其借助复习去恢复遗忘，不如借助复习去防止遗忘。

（2）回忆复习，过电影。

安×：我觉得复习是有窍门的。比如，我多采用回忆法复习，效果很好。自习课或课后没事时，我就努力回忆今天课上老师讲的内容。先不看书，而是认真想一想（最好闭上眼睛）课上老师讲了什么，强调了什么，就像“过电影”一样。哪个地方实在想不起来了，再看书。回忆法的好处很多，首先是印象比较深刻，比泛泛地看书效果要好得多。经过这一次回忆，课堂上学的知识在我的脑海里就像扎下了根一样。另外，回忆还可以培养和训练自己的记忆力。

王×青：我复习时不是盲目地拿过书来就看，而是先想一想：老师今天讲了哪些内容？重点是什么？厘清思路，然后给知识归类。如应用题，要知道它属于哪种类型，用什么方法去解更简便，然后打开书看一看什么地方自己记漏了，或记错了，最后再动笔复习。

王 × 娜：我复习时先回忆当天的学习内容。复习采取两种方法：对于记不下来、不熟悉的内容，下功夫弄懂背会；对于会了的内容，再想一想，“过过电影”就行了。

（3）归类，使知识系统化。

李 ×：我复习时先把当天老师讲的内容回顾一下，然后联系旧知，把当天的内容进行巩固。我觉得，新旧知识本来就是互相联系的，复习时，特别是单元复习和总复习时，应善于归纳、整理、总结，不管哪一科都要厘清知识的体系，把知识归类，这样，就能举一反三、触类旁通。理解是使新旧知识联系和系统化的关键。在复习时，我往往是反复阅读课本，然后独立思考，把课上没听懂的地方弄懂，对于一些基本概念、基本道理和重要事件或计算公式、定理则在理解的基础上将其系统化，以加深记忆。

（4）忆、看、理、做、背相结合。

叶 ×：我在复习时，采取忆一忆（回忆老师讲的内容）、看一看（重读课本）、理一理（整理笔记）、做一做（做作业或练习册）、背一背（对重点章节、定义、概念进行背诵）的办法。我觉得复习不能只是抱着书本反复去看，这样既不容易记住，又容易犯困，做题可以促进自己思考问题，使自己带着问题去重读教材。另外，这样动脑、动手、动口也容易集中注意力。

陈 ×：我复习时，先把课后题做一做，然后自己提出一些问题并解答，最后掌握生字、解词，采取先做课后题，再做自己出的题，最后练习生字、解词，这样复习的效果比较好。

路 ×：我是这样复习的，回到家先把学过的东西认认真真看一遍，然后做题，“熟能生巧”，通过做题，把知识记牢固。

（5）抓重点复习。

李 × 君：复习时，我先挑重点复习，然后再复习次要的，一般都采取先重点再次要的方法。复习重点，一般还要看时间，灵活掌握，时间充足就认真全面地看，时间紧就快速抓重点看。这里说的重点，一是教材本身的重点；二是老师讲过的，但自己尚不熟悉或不懂的内容。

孟 ×：我认为复习应该抓重点，不要盲目地使劲。要在普遍都复习的基础上，在重点问题上下功夫。要根据笔记抓重点，因为笔记是老师提炼出来的要点。

（6）复习和背诵相结合。

白 ×：我复习时，经常一边看一边记忆。对数学的概念、定义、法则，对语文的重点句、段进行背诵。

孙 ×：我采取多读、多想、多写、重点部分画线的方法复习。

孟 × 薇：我是按照熟读—理解—背诵—复记来复习的。就是先把文章读熟，这样才能理解其内容，把文章理解透彻了，对背诵也有帮助。然后是复记，也可以分几次复习，一次一次地复习。

4. 指导学生完成作业

根据一些优秀学生的经验，老师在指导学生完成作业时应注意下面几个问题。

（1）回忆。

王 × 青：我认为，写作业之前，要先用几分钟时间认真回忆一下课堂上老师所讲的内容，这样作业写起来就容易多了。做题时，先弄清题意，在脑子里形成解题思路后再动笔。有的同学写作业时，既不复习课本中的有关内容，也不看自己的课堂笔记，而是拿过题目就做。这样一来，由于没有很好地消化课堂上学习的内容，很容易出现概念不清、做题乱代公式的问题，既浪费时间，又容易出错。

（2）审题。

安 ×：写作业时，要先读题，抓住关键词语来分析题目；然后考虑好解题思路，设计好解题步骤。解题前要想明白，题目要求什么，给了什么条件，有什么限制，可以联系哪些知识，搞清楚这些再解题就不容易出错了。不认真审题，容易一步错、步步错。

（3）做题。

乔 × 缓：我写作业时，通常会一读、二想、三做、四检。这里我重点谈谈“做”。做题应该做到一遍对、速度快、书写清。一遍对，就是做作业力争一次成功；速度快，就是在解答正确的前提下，提高解题速度；书写清，就是要按照各学科要求的格式去写，做到书写工整，条理清楚。

做题的目的是提高应用知识的能力，把所学知识联系起来，灵活运用。无论做什么题，只追求结果的正确是不够的，重要的是掌握解题方法，注意开阔思路，力争用多种方法去解答。

（4）检查。

作业写完后还应该注意检查，以便更正错误和弥补遗漏。

检查可以采取下面几种方法：一是逐步检查法，就是按解题步骤逐步检查。二是重做法，如果时间允许，干脆重做一遍，也可尝试用另一种解题方法，看前后两次的解答结果是否一样。三是代入法，就是将结果代入公式或式子，看是否合理。四是观察法，如解数学题，要求得出的是人的个数时，求出的结果是分数，就可判断出解答是错的。当然，具体学科和具体题目不同，检查方法也不同。

（四）应对考试指导

学生考试怯场并不鲜见，有的学生本来平时记得滚瓜烂熟的知识，一走进考场就忘了。更有甚者，在考试时会出现晕场现象。针对学生在考试中出现的问题，班主任该怎样指导学生应对考试呢？

1. 减轻心理负担

学生考试怯场的问题有时是教师和家长施加压力造成的，所以教师和家长应改变那些容易造成学生考试时心理负担过重的做法。实践证明，学校排名次、罚款的做法，家长恐吓、威逼的做法都会导致学生情绪紧张，影响学生的心理，所以必须克服。通常，在学生临考时，教师和家长非但不能给学生施加压力，还要做好情绪、心理疏导工作，帮助学生减轻心理负担和压力，消除紧张情绪，使学生以最佳的状态投入考试。

2. 激发自信心

学生如果充满信心，就会相信自己，相信自己掌握了足够的知识可以应对考试，并能把题答好；反之，学生就可能对自己的知识水平产生怀疑，变得胆怯，从而干扰和抑制考场发挥。所以，班主任在考试前要注意增强学生的自信心，要对学生多鼓励少批评，特别是不要说泄气的话。当学生一科考试出现失利时，不要埋怨他们，及时教育和鼓励他们不要灰心丧气，积极应对接下来的考试，争取在其他科目中取得好成绩。

当然，有的学生考试缺乏信心，可能与他们复习得不好，准备不充分有关系。因此，要想让学生对考试充满信心、不怯场，平时就要要求他们把知识基础打牢固，考前认真复习，做到心中有数，这样学生自然就会产生自信，从而避免考试怯场。

3. 增加临场经验

对因缺少临场经验而怯场的学生，班主任最好事先做好他们的思想工作，消除他们对考场的恐惧心理。如果是到一个陌生的环境参加考试，班主任可先带领学生到考场熟悉环境，查看一下考场，熟悉周围的同学等。这有利于学生尽快适应新的考场环境，减轻应试的紧张心理。

4. 学会科学用脑

不会科学用脑会导致大脑过度疲劳，致使学生在考试时出现诸如怯场、晕场乃至头脑发“木”、神志不清等现象。班主任要想防止这些现象的发生，就要正确地组织学生复习，并指导学生科学用脑。

班主任组织学生复习，在时间上要安排得当，要注意充分利用课内时间，尽可能不去占用课外时间，特别是要保证学生的课间操和课间休息。另外，还可以组织学生搞一些文体活动。睡眠可以让大脑得到休息，班主任要指导学生学会正确安排学习时间，保证充足的睡眠。在复习方法上也要多种多样，不要较长时间只复习一个科目，单调的学习容易抑制学生的情绪，所以复习时可采取文理交替进行。

（五）答题指导

1. 细心准备

怎样做考前的准备工作呢？

安×：老师发下试卷，我不急着答题，而是先听老师的提示，明确有哪些注意事项，看清共有几张试卷，按考卷要求填好学校、班级、姓名等，检查无误再开始答题。

2. 认真审题

认真审题是正确答题的前提。把题审清了，解题就成功了一半。所以，在答题时，要审准题，不看错题，不漏题，看清试题的要求、条件和涉及的知识点；要迅速厘清解题思路；作文要在草稿纸上拟出简要的写作提纲，以防层次不清；对于难题要反复推敲，切忌匆忙动笔；解答比较容易的题时，要仔细，不可掉以轻心。

考试最忌粗枝大叶，简单一看就自以为完全了解了题意，等发现了问题再纠正，不仅影响情绪，而且浪费时间。对似曾相识的试题要咬文嚼字，反复推敲，不可大意。

3. 细心做题

做题占考试的绝大部分时间，做题时主要把握以下几点：一是先易后难，二是难中抓高分题；三是题多抓“快”字；四是题少而难度大时抓“准”字。但总体来说，要按顺序做题。

（1）按照顺序，先易后难。按题号顺序审题，一道一道做。暂时不会的题就跳过去，把题目都做一遍。然后照此办法，把第一遍没做出来的题再做一遍，剩下的难题再集中精力作答。

有学生就采用的这种方法。

刘 ×：试卷发下来后，我有时是按顺序答，有时不按顺序答，如果难度大一些，我就先把会的题答完，然后再去探索那些难题。为了避免马虎出错，我还会检查几遍。

邓 × 莉：试卷发下来后，我先答会的，简单的，尔后再对付难题，或者说不太会的题。

鲍 × 玉：试卷发下来后，我会按顺序答题，不会的题先越过去，但一定会做个记号。等会做的全都答完后，再回过头来解决不会的题。

李 ×：我是先按顺序答题，遇到不会的，在草稿纸上写出第几大题的第几小题，这样可以避免漏题；遇到计算题，我都留到最后做，因为计算题用的时间比较长，需要反复验算。

（2）通读试卷，先易后难。拿到试卷后，先浏览一下题目，看看试题类型、说明、要求，初步做到心中有数，以便科学分配时间，安排答题顺序。做题先易后难，方法如前面一样。

安 ×：我答题前，会先看一遍卷子，了解一共有多少道题，哪些一看就懂，哪些看不懂，了解全部情况后，心里有了数，再开始答题。

（3）按照顺序，逐一答题。这种方法最容易浪费时间，因为被难题卡住，后面会答的题就没机会答了。所以一般不要采用这种方法。

4. 静心检查

先检查容易的、错误率高的、没把握的题目，后检查难的、错误率低的、把握大的题目。

首先，要检查题目是否有遗漏，逐一核实。有的学生出考场后突然想起自己忘了一道题，有的甚至忘了一页试题。其次，要重审题目的要求，看是否弄错了题意，弄错了范围等，不要只就答案对答案，有时确无差错，却答非所问；仔细检查是否用错符号、写错字。一般来说，比较重要的考试，拟题都比较慎重，会考虑到题意及结果符合实际。再次，要注意误检，检查时要仔细、认真、冷静、慎重，切不可精神紧张，慌慌张张，把正确的答案改错了。

5. 注意事项

（1）速度要快。现在，考试时题量越来越大，也越来越难，考试时间十分紧张，学生得抓紧每一分每一秒，在保证正确的情况下提高答题速度。要做到快速答题，一方面，要思维敏捷，判断准确，构思迅速；另一方面，要运算畅达，技巧纯熟，书写迅速。因此，平时就要养成快速答题的习惯。

（2）卷面整洁。其一，书写规范，字迹清楚，排列规整，行距统一，要符合格式，每个自然段开始时空两格，标点符号占一格。其二，改写按常规，卷面改写是不可避免的，如果改写不得法，反复涂抹或擦除，会破坏卷面的整洁。其三，快中不急，审题不清不动笔，避免违背题旨，力求做到每步都准确无误，整张试卷一气呵成。

四、怎样进行学习督促

除了对学生的学习进行积极指导外，班主任还要采用一定的方式方法对学生进行有效的管理和督促。

班主任可从以下几个方面着手。

1. 制订计划

班主任要善于和学生一起制订学习计划。帮助学生制订切实可行的学习计划。一方面，可以督促学生认真完成老师布置的作业，有计划地进行复习和预习；另一方面，可以使学生按时学习、活动、休息。

2. 交流感情

班主任可以通过与学生交流感情的方式促进他们学习。班主任和学生之间的关系，直接影响着学生学习的积极性。所以，班主任要经常关心学生，主动询问他们的情况，平等而有耐心地与学生交流感情，调动学生学习的积极性。

3. 家校联合

班主任可以与家长取得联系，邀请家长配合学校督促学生学习。学生的学习主要是在教师的指导下完成的，学生在学校的表现，学习成绩的好坏，家长应该掌握，从而更好地配合教师及时对学生进行教育。

4. 善于激励

班主任要讲究教育方法，因材施教。要善于运用激励的方法激发学生的学习热情，促进学生学习。对于学习成绩较好的学生，班主任既要肯定其成绩，又要指出其不足，教育学生戒骄戒躁，争取更优异的成绩。对于成绩较差的学生，班主任要有耐心，要多鼓励，帮助其树立自信，激励其不断进取。

5. 小组合作

现代教育是开放的教育，新世纪的班主任要善于组织学生利用小组合作的方式进行有效学习和互相监督。实践证明，只要班主任目标明确、责任明确、要求明确，学习小组的合作学习、内部监督都是非常有效的。

6. 培养习惯

班主任在指导、监督学生学习的过程中，一定要注意对学生进行学习习惯的培养，努力使学生养成自主学习、自我监督的良好习惯。这是督促学生学习的根本目标，也是培养创新型人才的前提。

第13章

以习惯养习惯

思想决定行为，行为决定习惯，习惯决定性格，性格决定命运。真正改变人生的不是道理，而是习惯。叶圣陶说："凡是好的学习态度和好的方法，都要使它化为习惯，只有熟练得成了习惯，好的态度才能随时随地表现，好的方法才能随时随地运用。"英国教育家洛克也说过："事实上一切教育都归结为养成儿童的良好习惯，往往自己的幸福归于自己的习惯。"的确，良好的习惯会使人终身受益；恶劣的习惯会把人引向痛苦，甚至毁灭。

青少年时期是各种习惯养成的关键时期，班主任在培养学生习惯方面有着十分重要的作用。

有这样一个案例。

116次的提醒

开学的第一天，教室里刚刚从小学升入初中的孩子们眼睁睁地瞧着他们的新班主任——魏书生老师，听他讲了很多话——学校的要求，班级的要求……最后，魏老师说："还有一项要求，只有三个字，我说出来，请大家记住并且一定要做到。如果我发现我们班里有一名同学疏忽了，忘记了，他一时没有做到，那么，我就要把这三个字重复一遍，做一次提醒。"

魏老师说出了这三个字，只有三个字！班级里发生了一些轻微的响动，但很快平静下来了。

魏老师用欣慰的目光把整个教室里的每一个同学扫视一遍，微微地点了点头。

突然，魏老师点了一个同学的名字："刘志军！""到！"大家惊讶了！难道魏老师要批评他吗？刘志军自己也不明白出了什么事。只听魏老师语调平静地说："刘志军，老师给你个任务，从今天开始，每当我提起那三个字时，你就加上一个数，你来统计一下，看看到毕业前，到底需要老师提醒多少次，行吗？"

"行，老师，我一定做到。"

刘志军坐下了，这三个字在他脑子里首先有了最深的印象。可是，全班有那么多人，并不是每一个人都能把它记得很牢的呀！这样，说不上什么时候，魏老师便要提出那简短的三个字。刘志军笔一动，改了一个数字。随着老师的提醒，大家又一次加深了印象。有时，魏老师问："刘志军，多少次了？""16次。"隔段时间，魏老师又问。"45次。""70次。"……

这样，教室里差不多所有的同学，只要眼光碰上刘志军，就想起了老师那一次又一次的提醒。

毕业前，刘志军向大家宣布："魏老师一共提醒了116次。"

这三个字是什么呢？那就是——

坐如钟！

那么，这"坐如钟"的116次提醒为的是什么呢？就是"培养习惯"。

（选自：李兆德《魏书生教育方法100例》，辽宁教育出版社，1985年出版，有删改）

魏书生老师之所以会取得那么好的成绩，和他十分重视学生习惯的培养是密不可分的。培养学生良好的学习习惯和生活习惯，不仅关系到学生的学习成绩，对学生的终身发展更是至关重要。班主任工作之初，无论是上课还是班级管理，普遍会遇到一个棘手的问题，就是面对不守纪律的学生、乱哄哄的课堂常常束手无策。怎么办呢？这就涉及班主任怎样去培养学生良好的学习习惯，建立井然有序的课堂秩序。班主任如果不重视培养学生良好的行为、学习、生活习惯，要想做好教育工作是不可能的。

为什么学生的成绩总是上不去？班主任有没有想过，有可能是学生学习习惯的问题。如果学生没有尊重老师的习惯，很可能课堂效率不高；如果学生没有提问的习惯，很可能只能进行被动的知识积累；如果学生没有总结思考的习惯，很可能捡起这个知识点，丢了那个知识点……良好的学习习惯与有效的学习方法是联系在一起的，即学习方法与学习习惯是一个事物的两个方面。开始是方法，后来是习惯；只有形成习惯，方法才有效。比如，课前预习的方法、听课的方法、及时复习的方法，这里有方法技巧，但更多的是学生要能养成良好的学习习惯。所以，班主任抓学生的良好学习习惯，也是在抓学生的有效学习和学习成绩。

一、习惯的内涵

对于“习惯”这个词，大家耳熟能详，但未必真正了解它的内涵。班主任要培养学生的良好习惯，首先应该科学理解习惯的内涵。

（一）什么是习惯

从心理学上说，习惯是由于重复或练习而巩固下来，并变成需要的一种行为方式。从生理机制上说，习惯是比较稳定的动力定型，它是大脑皮层根据刺激的特点，依照一定的先后稳定的秩序和强弱位置而构成的条件反射系列。

首先，习惯和本能不同。习惯是后天习得的一种特殊条件反射活动，大部分习惯是后天经过意志努力形成的；而本能则是先天遗传而具有的一种条件反射活动，不需要经过意志努力。其次，习惯和经验不同。在经验中，意识随时会参与，发挥调节的作用；习惯完全是一种下意识的活动，在表现形式上习惯往往是一种理性意识暂时缺失的活动。再次，习惯和性格不同。性格是一个人多种习惯表现的综合。通过一个人的性格可以大致判断其习惯，但通过某一个习惯却不能断定其性格类型。最后，习惯和熟练技能不同。熟练技能是根据活动的需要而发生或停止的，人们可以利用它，也可以不利用它；习惯却是在“不由自主”中去完成的自动化活动，在一定条件的刺激下，不完成往往就会感到不安。熟练技能是在有意识的练习中，在自觉地改进某些动作的基础上形成的；而习惯除了通过有意识的训练，还会在无意中因为简单重复同一活动而形成。熟练技能本身没有好坏之分，习惯却有明显的优劣之别。

习惯，是逐渐养成、一时不容易改变的行为倾向或社会风尚。习惯一定是行为，而且是稳定的，甚至是自动化的行为。

（二）如何形成习惯

习惯的形成主要有两种形式：一是通过模仿，二是通过训练和培养。喜欢模仿是青少年的一大特征。他们往往对鲜明、有趣的行为有模仿的欲望。如看完一部电影、听完一个故事、读完一本小说，对其中他们感兴趣的某些人物的言行会有意地进行模仿，久而久之就形成了某种习惯。学生通过模仿文艺作品中一些正面人物的形象，能形成一些好习惯。但是要想使学生形成更多、更稳定的良好习惯，主要还是靠训练和培养。

（三）习惯与学习方法的关系

事实上，好的学习习惯就是好的学习方法，培养了习惯就是掌握了方法。习惯、方法、能力互相联系，掌握方法促进习惯形成进而培养能力。将方法形成习惯，通过习惯经常操作，从而使学习能力得以提高。大凡学习比较优秀的学生，都有良好的学习习惯。习惯一旦形成，便成为一种潜意识行为，对人的一生起着永久性作用。

二、不良习惯的表现

（一）磨蹭拖沓

陪孩子写作业，是令父母非常头疼的一件事。一位妈妈说："要孩子完成作业真是太费心了，老师布置的作业，他回家后不先做，看完动画片才肯做。做作业时注意力又不集中，经常心不在焉，东摸西看。有时还没写多少作业，就坐不住了，一会儿喝水，一会儿上厕所。作业也经常遗漏、出错。这样磨磨蹭蹭，把功课做完，都很晚了。作为父母，真的感到很苦恼，不知该怎么办。"

（二）学无计划

时间对每个学生都是公平的。在有限的时间内，有的学生能把自己的学习、生活安排得井井有条；有的学生虽然忙忙碌碌，但忙不到点子上，实际效果不佳；有的学生没有学习计划，不善于挤时间，整天忙于应付作业和考试，缺乏学习安排，对自己到底要学什么，怎么学，做什么，都没有进行过认真思考，只是一味被动地听老师的指挥和安排。他们经常抱怨："每天上课、回家、吃饭、做作业、睡觉，哪儿还有多余的时间供自己安排？"还有的学生平时松散，临到考试手忙脚乱。这些现象都是学生没有学习计划，不会科学利用时间的表现。这也是造成学习效率低下的重要原因之一。

（三）预习不当

有人做过调查：18% 的学生课前认真预习；23.1% 学生不会预习。理由是没时间，或是对预习缺乏正确认识，或是预习方法不当。

还有一项调查显示：大部分学生处在老师要求预习才预习的状态，占总数的 40%；老师要求预习也不预习的，占总数的 30%；经常自学预习的学生只占 30%。从统计数据看，学生预习方法大部分处于"把要学的内容看一遍”；而通过预习找难点，找重点或解决疑难的比率较低，学习方法仍停留在小学水平。还有调查表明，七年级学生多预习语文、数学和英语，九年级学生各科基本都要预习，而且随着年级的增长，预习物理、化学的比例高于预习语文、数学、英语和政治等学科的比例。

“看一遍”的预习方法反映出初中学生没有掌握正确的预习方法，只把预习当成一种任务去完成，反而浪费了大好时光，这也是造成学生学习效率较低的原因之一。从整体看，初中学生缺乏自学能力，只把预习当成额外作业去完成。

（四）不重积累

阅卷工作结束后，几位语文老师在一起交流阅卷情况。张老师说：“学生在语言的积累和运用方面失分率较大，一是照样子写句子，学生不能从自己的日常生活入手，进行恰当的联想或想象，写出符合要求的形象生动的句子；二是按要求编写反映地方风景特色、民风民俗等的宣传标语，学生不知道我们这里到底有哪些风景特色、民风民俗；三是默写古诗文，学生或背不过，或写错字，或没有审清题。”李老师说：“学生的作文也不理想，不能运用学过的词句和优美语言，不能引用恰当的古诗文增添文章的语言情味。”

上述两位教师谈及的其实就是学习积累的问题。的确，懒于积累和运用是制约学生学业成绩提高的一个因素。据课题组调查分析显示，学生在积累上的不良习惯表现在三个方面：一是不善于收集和处理学习信息，二是不能积极背诵或运用名篇名句、名言警句等；三是懒于动笔，“不动笔墨不读书”对一部分学生而言，很难做到。

（五）杂乱无章

关于学生课前准备的习惯，有调查显示，约 94% 的学生听到上课铃响后能停止户外活动，迅速进教室。进教室后，讲话的学生约占 36%，上课用的学习用品每天能带齐的不到 70%，书本、文具盒随意乱放的约占 14%。做好课前准备是学生上好课的前提，它有利于稳定学生的学习情绪，保证上课的质量。

（六）不善发问

遇到疑难问题时，部分学生能主动请教老师、同学，但上课时不动脑筋，有疑问时不敢发问的学生也不在少数，甚至有 4%~6% 的学生学习敷衍，有疑惑也得过且过，不求甚解。

三、良好习惯的培养

习惯的培养不是一蹴而就的。一次只培养一个习惯，以习惯养习惯需要一个长期的过程。

培养习惯第一步：提高认识，或者说，引导学生对养成某个习惯产生兴趣和信心。对学生来说，养成良好的习惯会受益终身，如写完作业认真检查，考试时仔细审题，与别人约好的事情要牢记于心并提前落实等。这样的学生不仅学习成绩好，也受人欢迎。

培养习惯第二步：明确行为规范，让学生清楚养成某个良好习惯的具体标准。

培养习惯第三步：适时进行榜样教育，让学生对养成某个良好习惯产生向往。少年时代就是榜样时代和偶像时代，因为这一时期的学生的特点就是观察和模仿。班主任不要盲目阻止学生追星，偶像对青春期的学生极富吸引力，许多偶像身上具有榜样的因素，善于发现和引导的班主任完全可以把偶像变为榜样。

培养习惯第四步：坚持不懈地进行行为训练，让学生由被动到主动再到自动，从而养成习惯。研究发现，初步养成一个习惯需要 21 天，而形成一个稳定的习惯需要 90 天。

如班主任训练学生的整理习惯时，可以让学生把教材整理好，把试卷分类放好，都放在固定的位置。学生开始时做不好，班主任可以指导、演示一下，之后经常检查、督促，久而久之，学生便能形成习惯。

培养习惯第五步：及时评估和奖惩，让学生在成功的体验中养成良好习惯。笼统地对学生提出要求，很难对他们起作用。因此，班主任可以把大计划分割成很多小计划，并不断地与学生一起总结评估。小计划易于完成，学生能从中体验到成功，产生坚持下去的愿望和兴趣，最终养成一个良好习惯。如下面这个案例中妈妈的做法就很有启发意义。

习惯培养“加减法”

有个妈妈观察到五年级的儿子学习很不专心，写一小时的作业要站起来

7次，一会儿打开冰箱吃点东西，一会儿打开电视看动画片开始了没有，一会儿站到窗前看风景，不到10分钟就要动一动。她看在眼里，急在心里。她对儿子说："孩子，你是很聪明的，你如果努力学习成绩肯定会很好，但是我刚刚观察了一下，你学习一小时就停下7次做别的事，这是不是有点儿多啊？"儿子马上有点儿不好意思了，他自己并没有意识到自己站起来了7回。"你写一小时的作业站起来3次就差不多了吧？"妈妈和他商量。

儿子心想妈妈挺宽容的，还让他站3次呢，就说："3次就3次。"妈妈说："君无戏言，你要是能做到写一小时作业站起来的次数不超过3次，那当天晚上6点的动画片，你可以随便看。"儿子一听特别高兴，以前看动画片的时候心里总是不踏实，就怕妈妈随时会来阻拦，现在可以随便看，当然很开心。妈妈又说："先别开心，有奖励就有惩罚，如果超过了3次，当天晚上的动画片就不能看了，行不行？"孩子总是过高地估计自己，于是就一口答应了下来。

一个星期下来，儿子有三天做到了，当天晚上就大摇大摆地坐下来看电视，很是自豪，但是有两天没做到，那两天到了6点钟，心里就痒痒的，条件反射，想看动画片。妈妈就说："男子汉，说话算话，说什么都不能看。"这一对比，孩子以后在写作业的时候就非常注意了，知道站起来的机会只有3次，得省着点用。一个多月后，孩子写作业的时候基本上就不站起来了。

培养习惯第六步：营造良好的环境和风气，让家庭生活和学校环境乃至社会风气成为学生养成良好习惯的支持力量。

班主任对学生进行习惯培养，要把握的原则是尊重学生的主体地位。培养良好习惯旨在解放学生的大脑，让他们从一些低级的、束缚自己的不良行为习惯中解放出来。

为此，班主任在培养学生的良好习惯时要考虑以下几个方面。

（一）高度重视，有训练意识

习惯成自然，培养良好的习惯是在班主任有目的、有计划的训练中进行的。因此，班主任不仅要高度重视，还要有训练意识。山西省汾西县第一小学的武燕红老师讲述了这样一个案例。

刘洋是一个六年级学生，对学习缺乏兴趣，没有好的学习习惯。上课想听就听，不想听就不听，时常忘记带课本，而且没有记笔记的习惯；经常不按时交作业，甚至不做作业，学习成绩很差，父母对此也无计可施。通过多方面观察，针对他上课不听讲、不记笔记的不良习惯，我先找他单独交流了几次。我们谈上课讲话、开小差的原因，谈上课听讲的重要性，谈学习的方法。面对他的一言不发，我意识到：挑战来了。与这类学生谈话，通常只能得到是或否的答案，甚至只是一个点头或摇头的动作，事理他们都懂，可就是做不到。

果然，没过几天，他又故态复萌。于是我每周要找他谈两到三次话。后来，我决定双管齐下——思想工作和实际措施相结合。我将他的位置调到第一排，以便课堂上随时督促他，使他逐渐养成了自觉记笔记、勤于思考的习惯，基本能跟上老师上课的节奏。针对他不能准时完成作业的问题我也实施了一系列措施。刚开始，我让他抓紧课间十分钟把没完成的作业补上。为了防止他偷懒，我让他每个课间都到办公室补作业。虽然这个措施有些作用，但治标不治本，他依然"忘带"数学作业，或是漏做语文作业。于是，我为他制订了一份学习计划，并让他准备一个记录作业的本子，将每天的家庭作业记在上面，每天放学前我来检查是否记录完整。回到家，家长根据作业记录本督促他完成作业。虽然这项工作很烦琐，但最终的效果让我觉得挺值得的。在家长和老师双方的督促下，他拖拉作业的毛病有所改善，基本能按时完成各科作业了。

在这个案例中，刘洋同学虽然资质不差，但由于缺乏良好的学习习惯，导致出现了对学习缺乏兴趣、不做作业、上课不听讲等不良习惯，其学习情况不容乐观。武燕红老师认识到他的问题后加强了对他良好学习习惯的培养，使他的学习状态发生了改变。

（二）明确内容，有训练指标

进行习惯养成教育首先要为学生找到训练目标。班主任首先要知道训练的目标是什么，要达到什么样的标准。在培养学生良好习惯的过程中，虽然不能像生产管理一样形成标准，但好的习惯中一定有一些共性的东西，这些共性的东西就是标准。所以班主任要想培养学生良好的学习习惯一定要先明确培养内容，形成训练指标。也就是说，要从哪些方面来培养学生的良好习惯，班主任要心中有数。

如辽宁省丹东市凤城第六中学"学生美好一天 12 条温馨提示"就是对习惯训练"简约而不简单"的一种艺术处理。这里的每条提示都很温馨，饱含爱和期待，这也是一种"无痕的教育"。

1. 早上好，同学们，该起床了，两分钟内穿好衣服，那才是“战士”。然后快速整理内务、洗漱，并将洗漱用具放在指定的位置上，然后对自己说：“今天又是一个好的开始，我行！我能行！我一定行！”

2. 就餐时讲话有碍身心健康，到指定位置就餐，不挑食，不浪费，天地“粮”心，你要记住哦！

3. 一日之计在于晨，头脑灵活记忆好。早餐后尽快回教室，认真进行早读，出色地完成早读任务，为美好的一天开个好头。

4. 认真准备你的讲演稿，相信自己，你是本周最出色的讲演者，听者更能从中获益。

5. 以饱满的精神走进课堂，独立完成老师布置的学习任务，积极参与课堂活动，并能积极主动地帮助别人完成学习任务，做课堂学习的主角。你的课堂你做主，你行！你能行！你肯定行！

6. 课间休息，轻声细语，走廊站成一排，轻步慢行，保持安静，优雅文明。

7. 为了健康，我们必须锻炼，“阳光大课间”就是最好的机会哦！你一定不要错过，相信你一定会认真做好每一个动作，响亮地喊出每一个口号。记住：健康才是享受生命的前提。

8. 高效利用时间，自习课上认真做好作业，一次作业不完成，就失去了一次检验自己的机会，就失去了一次进步的机会。你不会放弃这样的机会吧？动动笔，你就会有收获的。

9. 反思一下自己还有哪些不足，一定要立即改正，否则要影响你的评星晋级。精神充电，树立心中的榜样，并为之努力吧！

10. 学会自我管理，以积极的态度做好分内的事，记住：担起责任，永不放弃。与人为善，快乐自己，偶尔的摩擦也会擦出友谊的火花。

11. 好的环境需要我们共同去爱护和保持，今天值日你一定会做得很出色。

12. 该睡觉了，关灯闭嘴，回想一下，自己今天在做人、学习、健体上的收获，带着收获的喜悦进入梦乡。晚安，同学们！

通常，学生良好的习惯主要包括良好的行为习惯、良好的学习习惯和良好的生活习惯三大方面。

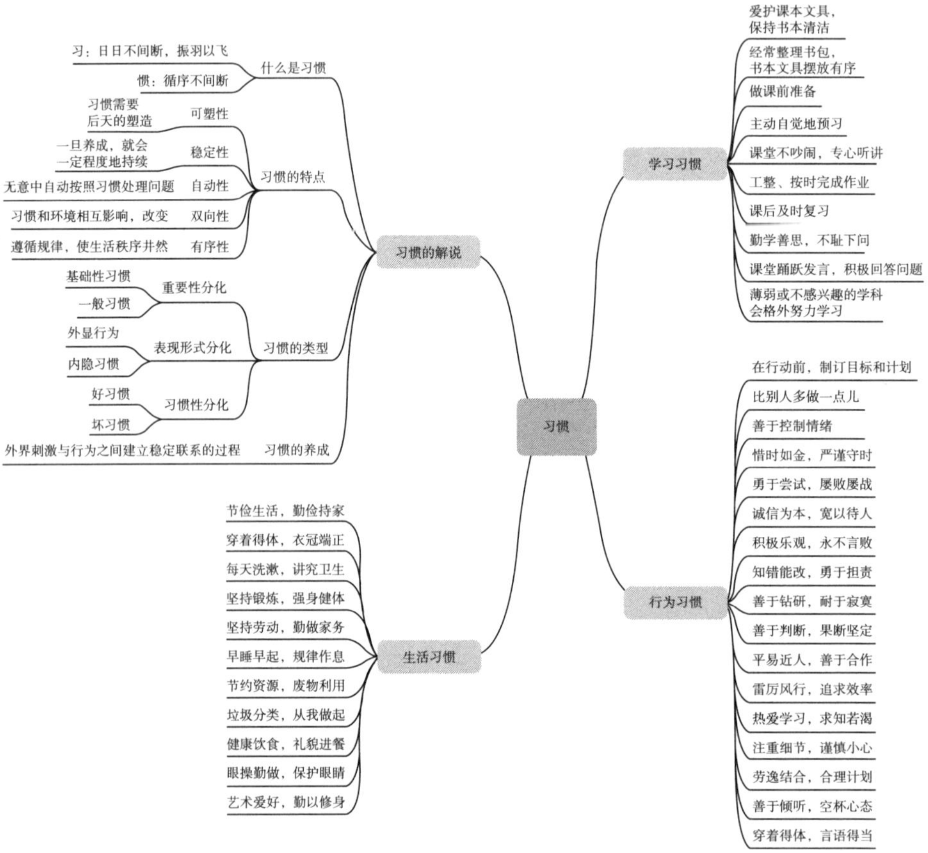

图3　习惯的内容

（三）程序简化，有操作性

当代工程学中的“时动”原理给我们提供了有益的启示。这项研究的目标是使工程能省时高效，研究的问题是动作和时间的关系。这与教学中要解决的一些问题很接近。“时动”设计具有五个要点：①这一动作是否必要，能不能取消？②这一动作能否与另一动作合并？③这一动作的进行次序是否恰当？可不可以改变？④这一动作能否改良？⑤进行这一动作的人是否恰当？这五个要点对学生习惯的培养也有同样作用。习惯的培养不是越高深越复杂越好，而是越简化越容易操作越好。在这方面优秀班主任董大方也谈过自己的做法和体会。

关于培养学生的良好习惯我尝试了很多方法，效果都不太好，后来我看到一本书上有这样一段论述：“科学管理就是把复杂的问题简单化，把简单的问题可操作化，把可操作化的问题量化、数字化，把量化、数字化的问题可考评化，把可考评化的问题程序化。”后来我尝试这种管理方法，果真见效了。

培根有一篇专门论述习惯的文章，在该文中他指出，人的思想多与他的倾向相一致，言谈话语多与他的学问和被灌输的见解相一致，他的所作所为与他的习惯相一致。学生之间除了极个别智力有一些差距外，绝大多数智力水平是差不多的，那么学习成绩为什么会出现很大的差异呢？我认为学生的学习习惯是其中一个很重要的原因。

如何培养学生好的学习习惯呢？我从学生的生活及行为习惯入手，制订了《班级自我管理标准化程序》，从学生早上进校到晚上睡觉前都规定了一定的自我管理程序。我把《班级自我管理标准化程序》打印出来，给每个学生发了一份征求意见，然后让学生各自保存一份。我要求学生严格地按《班级自我管理标准化程序》去做。下面就是我们的《班级自我管理标准化程序》。

起床后：

（1）喝一杯水；（2）简单整理房间；（3）吃早餐；（4）和家人说再见，离家上学。

到学校后：

上课前：

（5）收拾个人环境卫生（用抹布擦一遍自己的书桌、椅子及自己所属的地面）；（6）看书（课内或课外）；（7）听从卫生委员统一召唤，到自己负责的卫生分担区工作；（8）上交作业；（9）上交“对话本”；（10）把头一天晚上发现的不会的问题向同学讨教清楚；（11）自学。

上课：

（12）积极思考，主动学习，大胆质疑；（13）记下课上没弄懂的问题。

课间及中午：

（14）下课后按班级的规定摆好下一节课的学习用品；（15）到外面活动一下；（16）课间操时在负责人的指导下认真做眼保健操、体操，跳集体舞；（17）集体演唱歌曲（班歌、校歌及流行歌曲）；（18）午饭后收拾个人环境卫生；（19）到分担区工作；（20）到操场活动；（21）阅读课外书、午睡。

（下午上、下课重复上午的程序。）

自习课：

（22）安静自习，设计问题或抽取一张难题卡，做卡上的题；（23）在规定的讨论时间向同学请教学习中没有弄清楚的问题以及有疑问的地方（互帮对子活动）。

放学：

（24）按规定摆好书桌并做好自己分担区的工作。

到家：

（25）回顾一天学习的课程；（26）吃晚饭，看一会儿自己喜欢的电视或课外书；（27）做作业、预习；（28）写“对话本”，装好书包。

董老师的这份《班级自我管理标准化程序》把纷繁复杂的内容做得简练而具体，具有很强的操作性，目标明确，学生容易做到。

（四）具体指导，方法多样

1. 明确规范，清楚标准

没有规矩，不成方圆。要培养学生良好的行为习惯，必须制订相应的行为规范，让学生的言行举止有章可循，明白哪些事能做，哪些事不能做，哪些话能说，哪些话不能乱说。《中学生守则》《中学生日常行为规范》、校纪、班规、家规都是约束言行的规范，必须让每一个学生熟记于心。有了明确的规范，还要让学生清楚养成某个良好习惯的具体标准。只有细致入微的指导，才能帮助学生培养出真正的好习惯。

2. 抓住小节，着手细微

培养学生良好的行为习惯，要从小处入手，从细微处抓起。“勿以善小而不为，勿以恶小而为之”“细节决定成败”说的都是这个道理。平时，班主任应注意学生在校时的仪容仪表、交际交往、课桌椅摆放、地面整洁等小节方面的规范训练；要求学生不随手乱扔垃圾，少吃或不吃零食，不乱倒剩饭剩菜，遇见客人彬彬有礼，见到老师主动问好等。经过训练，一定会取得良好的效果。

3. 言传身教，榜样教育

要让学生明白养成良好习惯的重要性，要激发他们形成良好习惯的愿望。这既需要班主任做好各方面的工作，也需要周围人的影响及父母、教师的示范作用。如班主任板书工整、美观，说话风趣、生动，可激发学生产生把字写好、把话讲好的欲望。另外，充分利用学生中的典型事例，在班级里让先进的学生带动后进的学生，对纠正学生的不良习惯，使其养成或保持良好习惯会起到很好的促进作用。

4. 坚持不懈，反复训练

著名教育家曼恩说：“习惯仿佛一根缆绳，我们每天给它缠上一股新索，要不了多久，它就会变得牢不可破。”这个比喻非常形象、智慧。他把习惯比喻为一根绳索，每次行为的重复，就相当于又为它缠上了一股绳索。很显然，每天缠，不断缠，缆绳会越来越粗，终有一天，会粗到牢不可破。所以培养学生的良好习惯不能想起来就要求一下，想不起来就听之任之，班主任要有坚强的教育意志力，立下规矩之后就应要求学生坚持。经过日复一日的训练，学生定能养成好习惯。

5. 施加外力，检查督促

养成教育的内涵是通过训练，使学生的言行“规范化，标准化”。它不应仅仅停留在对各种规章制度的制订与宣传上，也不应停留于几次活动上，而是要贯彻在学生的日常行为举止当中。因为习惯的养成非一日之功，也并不是短时间能奏效的，人都有惰性，这种惰性在学生习惯养成的过程中出现反复是难免的，在这种情况下，施以必要的外力是十分必要的。因此，建立一套严格的检查制度，长期督促、检查学生遵守规范的情况，是保障学生良好习惯形成的关键因素。正确的动机并不都能产生正确的结果，知规范也不一定就能守规范，偶尔能遵守也不能叫养成习惯，使学生最终养成习惯的手段，是长期的检查、督促与训练。只要求不检查，就等于没要求。检查是中心环节，必须坚持。当然，检查终究是外力，养成良好习惯还必须靠内因。为此，要把检查督促与自我评价结合起来，重视学生的自我评价。自我评价是学生进步的力量源泉，只有认识到自己行为的正确性，学生才会产生美化自我行为的强大动力。

6. 激励为主，奖善惩恶

学生良好行为习惯的养成不是一朝一夕的，必须反复抓，抓反复。尤其是对那些行为习惯比较差的学生，班主任不但要用爱的甘泉对其进行入脑入心的浇灌，通过榜样、示范的力量去引导，还要运用一定的激励鼓起他们奋进的风帆。在对学生进行良好行为习惯的养成教育时，班主任应采用多种激励方式。以表扬为主，要注意发现学生的闪光点，让学生多感受成功的喜悦，以此强化学生的行为，培养学生辨别是非的能力，从而使学生形成良好的行为习惯。而对于那些行为习惯比较差的学生，也要有一套行之有效的约束机制，促其改正不良习惯。

7. 营造氛围，家校结合

教育是诸因素综合的结果，学生良好行为习惯的养成，离不开家庭教育这一重要环节。家长的一举一动都逃不过孩子的眼睛，因此家长必须以身作则，时刻给孩子起到良好的示范作用。家长要注意和学校的教育相协调，督促孩子养成好的行为习惯。家长有时间观念，就能培养孩子自觉遵守时间的习惯；家长平时多阅读报刊和书籍，就能培养孩子喜爱阅读的习惯。不同家庭教育环境中的孩子有不同的性格和习惯，所以培养孩子的良好习惯一定要给其营造良好的生活环境。

俄国教育家乌申斯基说："好习惯是人在神经系统中存放的资本，这个资本会不断地增长，一个人毕生都可以享用它的利息。"一个人如果养成了好的习惯，会一辈子享受不尽它的利息。习惯决定性格，性格决定命运，教育的核心是培养健康人格，培养健康人格最有效的途径就是从培养行为习惯做起。由此可见，习惯的力量是强大的，我们应该重视良好习惯的培养。良好习惯是个体获取成功人生的助推剂，是人的素质和能力的生长点。养成了良好的习惯，才谈得上具备良好的素质。推动养成教育，对提升民族整体素质具有重大意义。

第 14 章

赏识、评价、奖励的智慧

人的精神生命中最本质的要求就是渴望得到赏识。通常，在思想教育中表扬鼓励总是优于训斥批评，这就是赏识、评价、奖励的力量。行为科学证明：一个人如果受到正确而充分的激励，能力就可以发挥 80%~90%，甚至更多。所以，班主任一定要具有赏识、评价、奖励学生的智慧。

一、怎样赏识、激励学生

赏识可以归纳出信任、尊重、激励、理解、宽容、提醒几个关键词。“好孩子是夸出来的”，虽然说得绝对了一些，但是有一定道理的。在赏识中，学生发现了自己的潜能；在赏识中，学生得到了尊重，增强了信心；在赏识中，学生努力进取，学习有了力量。请看这样一个案例。

一张重要的纸条

车　风

我教的班级里，有一个叫李晨的性格有些内向的女生。她是一个挺漂亮的小姑娘，只是左边脸颊上有一块圆形的疤痕。

开学初，政治课本第一课的内容便是“增强自尊自信”。那一天，恰好讲完“培养正确的自尊心和充分的自信心”这一课，我抱着教案走出教室，李晨小跑着追了出来。她拉了一下我的衣襟，轻声说：“老师，要是一个人总是自信不起来，该怎么办呢？”我想了一下，对她说：“这样吧，你回去做一项特殊的作业，把你认识到的自己的优点总结出来，明天交给我，好吗？”她点了点头，若有所思地回去了。

第二天，我的办公桌上出现了一张纸条，上面没有署名，只写着：遵守纪律，爱劳动。看着这几个字，我心底泛起酸酸的感觉：这个孩子活得太沉重了。我拿出纸笔，开始写一份“李晨优点录”。除了她自己总结的这两条外，我又添加了善良、温柔、乐于助人、坦诚、虚心、渴望成才、言行一致、细致、有爱心等十余条。放学后，我找来几名学生继续了解李晨的情况，在他们的提醒下又添上了几条。最后，我写了自己认为最重要的一条：你有一双非常美丽的大眼睛。

第二天，李晨看到了这张写满她优点的纸。她把目光从纸上移开时，眼里有些湿润。她问我：“老师，我真的有这么好吗？”我拍了拍她的肩膀，没有说话，只是用力点了点头。后来，在结束整节课的内容时，我让学生们每人写出一个自己认为是班里最出色的学生的名字。我把大家写好的纸条收上来，一张张地打开来读。很多学生都“入围”了，因为我并没有限定是哪方面最出色。当我念到“李晨”的名字时，班里一下子安静下来，显然大家都觉得有些意外。李晨抬起一直低着的头，用有点怀疑的目光迎着我。我带头鼓起掌来，接着全班响起了热烈而持久的掌声。

如今的李晨已经自信起来了，脸上总是洋溢着阳光般灿烂的笑容，课堂上也经常举手回答问题。但是，始终没有人知道：我所读的那张纸条上，其实一个字都没有……

（选自：徐世贵、赵忠仁《班级管理那些事儿》，天津教育出版社，2011年出版，有删改）

左边脸颊上有一块圆形的疤痕，让一个美丽的小女孩苦恼而不自信。政治老师结合教学内容，将知识延伸到课外，通过让学生自己找优点、教师补充优点、学生选优点、教师善意鼓励等一系列做法，让这个小女孩从此自信起来，对学习、生活充满希望。这一系列教育活动，既反映了一个教育工作者对学生深深的爱和高度的责任感，也反映出教师的教育智慧和高超的赏识教育艺术。由此可见，班主任学会赏识、激励学生，对学生一生的发展会有很大的影响。

那么，班主任怎样来赏识学生呢？

（一）相信学生，理解学生

班主任在评价学生时出现偏差，更多原因在于不相信学生；或对学生潜能估计不足，小看了学生；或不了解和不尊重学生，想怎么做就怎么做；或急于求成，忽略人才培养其实是一种“农业行为”，需要慢工出细活。

班主任要搞好赏识教育，首先要树立正确的学生观，要相信学生，科学认识学生巨大的发展潜能。

人类潜能开发理论证明：人的大脑有神经细胞 140 亿个，可人们在日常学习、工作、生活中所使用的神经细胞只占总量的 5%~10%。其他脑细胞都处于睡眠、休整状态。也就是说，人脑有 90% 以上的潜能还没有发挥出来。

心理学研究表明：儿童的智力发展不仅有水平上的差异（通常是正态分布），而且有早晚的差异。有的少年早慧，有的中年才做出成绩，还有的则大器晚成。学生的差异不仅表现在智力水平上，还表现在智力风格和特长上。因此，孔子很早就提出了因材施教的观点，美国心理学家加德纳的多元智力理论也证明了这一点。

人类到底有多少种智力，有多少种才能，还没有人能做出令人满意的回答。相应地，学生的智力和才能也是多样的，表现在生活、劳动、学习、创造等多方面。一般来说，人只能在一个或几个方面显出优势。所以，教育者不能把学生的发展定格在我们自以为是的范围之内，只用学习成绩的优劣对学生做出聪明或愚笨的评价，那不是培养人才，而是扼杀人才。人才是各种各样的，社会各行各业都需要人才。

班主任能够真正相信学生、理解学生、等待学生，才能更好地去实施赏识教育。

（二）把握分寸，讲究艺术

赏识和表扬的内容不一样。表扬是简单地夸奖，而赏识是评价事实 + 个人观点 + 个人希望。班主任经常要用到表扬与赏识这两种教育手段，所以一定要把握好度。马卡连柯曾说：“要尽可能地尊重一个人，也要尽可能多地提出坚定明确和公开的要求。”新课程强调的“赏识”并不排斥给学生适度的挫折和指正，“表扬”和“批评”犹如“赏识”天平上的两个托盘，缺少任何一方，都会失去平衡。唯有做到适当准确、恰如其分，才能使学生处于积极向上的情感状态。学生的表现不必是最好的，但如果是他最好的表现，哪怕是最后一名，也是一种进步，我们也要表扬、鼓励、肯定他，让学生从自己的点滴改变中收获克服困难、挑战自我的成功感。这样，学生定能重拾自信，走出自卑的阴影，建立健全的人格。

（三）正面引导，针对性强

班主任的赏识不能是模糊不清、似是而非的，这对学生的行为发展帮助不大。班主任的赏识应适时，要具有明确性、针对性，不能过于笼统、宽泛、含混不清。斯塔弗尔比姆曾说："评价最重要的意图不是为了证明，而是为了改进。"因此，对学生的赏识不能只是浮在表面的表扬，而应给出富有针对性的肯定或提出相应的改进意见。

班主任的赏识要有针对性，需要多关注事实，关注学生的努力程度，关注发生某一现象背后的原因。比如，有学生总是不做作业，有的班主任可能会叫他过来当头棒喝："你最近怎么老是不写作业？懒病又犯了吗？"这样直接给学生定了性，反而不利于学生改正错误。我们可以试着这样去说："最近交到我这儿的作业，你总是完成不了，发生什么事情了？有什么原因吗？"这样做更有助于班主任找到问题的根源，走进学生的内心。

（四）形式多样，善于变化

赏识的形式应富于变化，用常换常新的方式给单调的赏识裹上一层"糖衣"，学生更乐于接受。班主任的一个微笑、一个肯定的眼神、竖起拇指的赞许、拍拍肩膀的激励等都是有效的表扬。这种表扬，简便、直接，传达了一份关爱，表达了一种尊重、信任和激励。

班主任的评语应是一束鲜花，一缕阳光，能让学生受到鼓励，获得希望，像长辈抚头叮咛，像朋友促膝谈心，让学生倍感亲切，让学生感受到班主任的爱，从而激发其追求进步、追求发展的热情。

下面是马志国老师写的几则评语片段，充分体现了谈心式和情理交融式赏识的特点。

之一：精彩的小品让大家掌声阵阵。可生活不是演小品，演坏了不能重来。埋下头来，才有无愧的人生。果然男子汉不放空炮。初步的成功就满足了吗？相信你能演好人生舞台上的角色，老师等着为你鼓掌！

之二：眼神中透露出的是懂事，跑道上展示出的是坚定与成功的风采。以这样的精神风貌奔跑在人生跑道上一样能成功。小小的挫折算什么，走过去，前面天更蓝，路更宽。

之三：你不是"坏孩子"，绝不是，在老师眼里没有一个坏学生，你只是需要改的毛病多一些。你是个好孩子，因为你在努力拿"大我"战胜"小我"。大家的掌声告诉你：跟自己比，你是进步最大的。你也知道，跟别人比，你的差距挺大。只要把决心化为行动，你肯定能追上大家前进的步伐。敢吗？好孩子！

（选自：马志国《导向·激励·发展——学生操行评语新探》,《天津教育》1999 年第 1 期，有删改）

在教学方面，班主任应采用多种教学方法。如多学科渗透、探索发现、多元评价、综合实践等，增强学生的人本地位，充分调动学生的学习积极性，引导学生深度思考、主动探究、自觉实践，始终保持一种奋进的情感；同时在尊重差异的基础上，给学生以正确的引导和鼓励，使他们多种多样的才能、天资、志向、兴趣等尽可能得到充分的展示和发展。只有这样，才能挖掘每个学生的潜力，人尽其才，这也是赏识教育所探求的目标。

（五）宽严相济，褒贬并用

教育既可采用赞赏、奖励、成功体验等手段，也可以采用批评、惩罚、挫折体验等方式，而最终的目的应该是为学生指明学习的方向，促进学生的可持续发展。一般来说，学生犯错的时候，恰恰是教育的良机，因为内疚和不安会使他急于求助，而此时明白的道理更能让他刻骨铭心。批评犹如教学中的一枚“青橄榄”，苦涩里透着甘甜，让学生回味无穷。如优秀班主任董大方在评价学生时就运用了“贬于褒中，体现一个‘导’字”的做法。

你真不是一个好学生

我们班有一个女孩子，一副男孩子的模样，大大咧咧，性格开朗乐观。她非常聪明，学习也比较好；她很要强，常常争强好胜。我很喜欢她，她是一个很有潜力的学生。

一个学期开学，我感觉她有了很大的变化，很散漫，学习上也不用心，我提醒了她几次，她并没有在意，更没有重视。一天，她上学迟到了，教室里紧张的学习气氛丝毫没有影响到她。她慢慢悠悠地走到座位上，东张西望，无所事事。下午我与她谈话，指出了她开学以来的一些变化，我很严肃，但她仍笑嘻嘻地一副满不在乎的样子。无奈中，我想起了激将法，我说：“你真不是一个好学生。”我的话音刚落，她满不在乎的神情一下就不见了，顿时严肃起来。接着我历数她的问题，又专门表扬了几个同学，而这些同学都是以前很多方面不如她的。这对她的刺激很大，她眼泪都掉下来了，她咬咬牙说：

“我不和他们比，他们不是我的对手，我要当优秀学生。”我也步步紧逼地说：“我不听你说什么，我看的是过程，要的是结果。”她说：“那好，老师您看我的表现吧！”第二天我就发现了她的变化。

（选自：董大方《我这样当班主任》，大连理工大学出版社，2009 年出版，有删改）

一味表扬或宽容可能成为毒药，激将法往往可以敲醒一个沉睡的人，犹如给土地浇了一桶水，使泥土下沉睡已久的种子破土发芽。

提倡赏识、激励教育，并不排斥适当的批评教育和惩罚教育。家庭教育专家孙云晓认为，在提倡表扬、奖励、赏识的同时，不应该忽视批评在教育中的积极作用。要让学生在成长过程中，懂得为自己的过失负责，形成责任感。

二、怎样给学生写操行评定

操行评定是对学生一学年表现的终极性评价，是班主任工作的一项重要内容，是一种教育手段。一份好的评语，既能反映学生的个性特点，充分肯定、鼓励学生，又能恰当指出学生的缺点，使学生正确认识自己，明确今后努力的方向，同时能使家长了解子女情况，有效配合学校完成教育教学任务。写好操行评定是做班主任的一项重要基本功。

（一）好的操行评定的特征

传统的操行评定存在很多误区，其表现如下。

（1）一个模式，泛泛而谈；（2）搞绝对化，以偏概全；（3）贪图清闲，学生“代庖”；（4）闭门造车，印象主义；（5）文辞欠通，书写不工整；（6）不写真实分数，失去家长信任。

一份好的操行评定具有以下五个特征。

1. 全面评价，有完整性

操行评定要以党的教育方针和培养目标为指南，根据学生守则和日常行为规范的要求，全面衡量每一个学生的思想和行为发展。特别要辩证、公正地看待学生及其行为。偏爱与歧视都是错误的。

全面并不意味着面面俱到，而是对学生的优缺点都要做出评价，只有优点没有缺点或只有缺点没有优点，都是失败的评语。

全面评价，有完整性，一定要体现真实性。分析学生，要客观公正，一视同仁，要实事求是地反映学生的特点，尤其要注意客观地反映学生的进步。

对有严重缺点的学生，要慎重、冷静、客观地分析，区分“偶然”和“一贯”，一般道德品质问题和道德败坏问题等的界限。

2. 具体明确，体现个性

苏霍姆林斯基认为每个学生都有“独一无二”的个性。只有在评语中准确地描绘出每个学生的面貌，抓住其闪光点，中肯地指出其不足，做到有的放矢，才能扬其善，抑其恶，促其进步。评价内容要力求全面具体，避免模式化。评语撰写应坚持针对性原则，要针对学生的年龄、性别、个性等特点，充分体现学生的特长。由于篇幅限制，评语常常要使用概括性语言。但一段好评语，应当有较为具体的内容，涉及的应当是有关学生的显著特点。如下面这段评语——

你性情温和、言语不多，但待人诚恳，有礼貌。你爱好文艺，你在班会课上的表演吸引了所有同学的目光！你遵守纪律，但课堂上总是沉默不语，其实没有人天生就有好口才，关键还是看你会不会抓住课堂上的每一次机会。你思想健康，渴望进步，但缺乏刻苦钻研的精神，缺乏正确有效的学习方法，所以学习成绩进步不大。愿你振作起来，增强信心，永不厌倦，永远进取！

这样的评语突出了学生的个性，充分挖掘了学生的闪光点，同时也指出了学生存在的不足，整体而言，重在激励、表扬。

3. 鼓舞为主，激励进步

操行评定要以鼓励、肯定为主。“金无足赤，人无完人。”在教育教学中，班主任要以发展的眼光看待学生。如果把一个学生评得一无是处，不要说学生接受不了，就是家长也接受不了，这样的评语只会加深教师与学生之间的隔阂，很难达到教育的目的。

写操行评定的目的，是促进学生的发展与进步。为了达到目的，语言必须具有鼓舞性。当然，也不能为鼓舞而鼓舞，而要寓教育、启发于鼓舞之中。撰写操行评定要重视发展性原则，要以动态的眼光来看待学生，充分肯定学生的成长与进步；要注重鼓励性原则，要指出学生的优点，避免严肃冷峻、古板生硬的语言，防止挫伤学生的自尊心和自信心。

班主任在写操行评定时，应考虑到学生的心理特点及接受能力，采用亲切的语言，以鼓励、导向、教育为主，发挥其特殊的教育作用。

如下面这位班主任写的操行评定。

还记得吗？100 米、200 米跑道上你奋力冲刺的一刻，有多少人为你呐喊、为你加油、为你喝彩，而当时的我，好激动、好兴奋！自此，那一幕便深深地印在我的脑海里。老师喜欢你朝气蓬勃的样子。但在学习上你一定要加强，作业要认真完成，不会的要多向老师、同学请教，课后也要抓紧些，只要你能做到，相信不久后你的成绩会有很大的提高。

这则操行评定以鼓舞为主，激励学生进步。

4. 充满智慧，体现艺术

操行评定以引导教育为主，不搞“秋后算账”。评定用语切忌生硬，千人一面，切忌用套话、大话、空话，语言要生动活泼，富有个性，充满艺术感染力。为了使语言更具感染力，可以使用第二人称。同时，为了增强形象性，也可以使用描述性语言，还可以在一定程度上使用具有抒情特征的语言。

5. 扼要规范，文通字顺

操行评定不仅要写好内容，文字也要简明扼要，措辞要准确恰当，语句要通顺连贯，字迹要工整，不写错字，切忌草率应付。操行评定一般 100~160 字即可。

（二）撰写操行评定的步骤

通常，班主任撰写操行评定要经历以下几个步骤。

第一步，学生自我评价。发动学生先写出自己一学期中的主要优缺点，目的是帮助学生认识自我，同时为其他同学和班主任全面、准确、个性化地评价学生收集第一手资料。班主任必须充分阐明此举的目的——尊重他们、相信他们、锻炼他们。

第二步，小组评议。分组根据自我评价评议每位同学的表现与个性特点，评议结果由小组长整理后报送班主任。

第三步，班主任向任课老师、家长征求意见。任课老师常能从本学科教学的角度，对有关同学做出有针对性的评价，使班主任能够更全面、多角度地了解并评价学生；而家长作为与孩子关系最亲密的长者，能够从另一个侧面提供富有亲情特色的评价意见。

第四步，班主任在综合上述各方意见的基础上，根据观察结果、交谈印象、成长记录、班级日记、学生周记、成绩记载等资料，对学生的操行做出综合而有特色的评价。为稳妥起见，这一步完成后，如果有必要，对个别学生的评价，还可以征求一下班委会或本人的意见。

下面这组评语写得就很有个性特点，可供班主任参考。

表 2　班主任评语范例

基础情况	评语
父母离异，缺少母爱，愿意上学但学习不认真，没有好的学习习惯	不要总悄悄地在一旁，离大家那么远，把老师当作妈妈好吗？考不好没关系，没有人责怪你，因为还有下次，你这么聪明，只要上课专心听讲，多动脑筋，不明白的来问老师，就一定会成为优秀的学生！
虽然聪明，但没有良好的学习习惯，较懒惰，学习成绩不佳	有一次小测验，全班只有你一个人得了 100 分，说明你是个多么聪明、细心的孩子啊！老师和同学们都为你感到高兴。如果你每节课都能专心听讲，管住自己的小手，将它安安静静地放在桌上，而且天天早睡早起，精神百倍，你一定能得更多的 100 分！祝你成功！
聪明、要强，成绩优异，有点娇气，字写得不太好，有些自私	“小红花”你得的最多！上数学课时你最认真！回答问题数你声音响亮！因为你的功劳，咱们班的板报每次评比都得第一，老师和同学们多么佩服你呀！要是你能多帮助其他同学共同进步，不总掉“金豆”，再把字写得漂亮点，那你就是班里的“全能”冠军啦！
聪明，成绩较好，但总是一副懒洋洋的样子，胆小，不爱举手	你得的 100 分可真不少，班里有多少同学羡慕你呀！可是上课抢着回答问题的小手里面总是没有你的那双。老师盼望着你能高高地举起手，用响亮、动听的声音，告诉老师和同学们你是一个勇敢的孩子！
智商在班里排第一，成绩优良，字写得漂亮，课上不爱举手，回答问题声音小	老师最爱判你的作业，因为它干净漂亮；老师也爱翻看你的卷子，因为 100 分那么多。可是你这么优秀的一个学生，大家却不知道。你想知道为什么吗？老师悄悄地告诉你：因为你很少举手回答问题，回答时声音小了点儿，同学们以为你是一个胆小的学生。老师知道你不是！多举手，大声讲，证明给大家看好吗？

三、怎样奖励学生

奖励是对人的某种行为给予肯定与表扬，以使人保持这种行为。奖励是对个人或团体的一种“刺激”，使得他们得到一种精神或力量。在战场上，一句奖励性质的话，可以极大地鼓舞士气；在学校里，教师的一个微笑、一个鼓励的眼神或一个手势，也是一种奖励。

班主任可以通过不同形式的奖励来鼓励学生发扬优点，克服缺点，变得优秀起来，也可以不断地学习其他教师的有效做法，提高学生的内驱力，让学生越来越优秀。

奖励学生的第 n 种方法

韩冬梅

一天放学，我把那个最近心情不好的女孩子留下谈心，倾听她的烦心事，安慰鼓励她走出阴霾。不知不觉，天色已晚，我为她擦掉眼泪，说：“老师今晚请你吃饭吧！”旁边等她放学的几个学生眼睛也亮了起来。我笑了，说：“今天老师请吃面条，哪位同学去？”他们纷纷举起手，我和他们的家长沟通好，就带他们来到校门口的“谭妈妈手擀面”。第二天批阅日记，发现好几个学生在日记中写道：“多么希望老师也能请我们吃面条啊！”我灵光一闪，在班会上和学生们约定，如果本月的四次流动红旗我们都能得到，我就请大家吃面条。

那个月，学生们似乎变得更加可爱了，他们互相提醒要保证纪律，注意值日，课间操准时出席。第一面、第二面、第三面、第四面。当在升旗仪式上公布我们班连续得到四周的流动红旗后，全班欢呼雀跃起来。40 多碗面条成为最好的奖励，把我们的心紧紧联系在一起。

我“乘胜追击”，通过日记和问卷调查的方式了解到学生们想要的奖励有如下种种：

（1）我听说数学老师通过自学学会了弹钢琴，我想听数学老师弹一曲。

（2）全班一起去新华书店。

（3）全班一起玩一次“奔跑吧，兄弟”。

（4）带领我们去郊游。

（5）当一次老师。

…………

学生们脑洞大开的要求成了我思考的方向。如何将奖励的作用发挥到最大呢？

我们的数学老师是一个才华横溢却又低调的人，当我们得知他自学钢琴近十年，钢琴水平已过十级，我决定请数学老师举办个人钢琴独奏音乐会作为给学生们的奖励，但前提是期中考试我们班的数学平均分要上升五分。学生们个个摩拳擦掌，用认真听讲和互相帮助赢得了这个奖励。活动前，我们精心策划，设计海报、门票，自觉分成策划组、主持组、媒体组，甚至粉丝组，全班所有学生都参与其中……由于我们张贴了海报，送出了门票，演出那天不仅吸引来了校长、书记和各个学科、各个年级的老师们，还吸引来了食堂的大妈、扫地的阿姨、印刷室的师傅、门卫大爷。我们一场草根的“自娱自乐”成了全校的“集体狂欢”。我成了学生日记中“神一样的班主任”，我们班学生的幸福感空前高涨。渐渐地，我感受到我们的教室里流淌着爱，流淌着真诚，流淌着幸福。

学生都喜欢综艺节目，如何把他们的要求和我的特殊奖励融合到一起呢？我精心策划了“奔跑吧，图书”主题活动，将竞技游戏和慢读结合在一起，没有硬性推荐，而是让学生在书的海洋里自由地遨游，慢阅读，细品味。之后的读书交流会，又一次将活动推向高潮。12 个小组，12 本书，12 种分享形式，阅读的幸福感流淌在我们心中。

我翻阅了很多西方教育类书籍，浏览了许多教育类公众号，发现西方小学教师的“奖品”花样繁多。这些“奖品”或许我不能完全借用，但仍对我有很大的启发。

（1）坐老师的座位。

（2）照顾一天班里饲养的小动物。

（3）和自己喜欢的人一起午餐。

（4）给家长打表扬电话。

（5）排队时站在最前面。

（6）减少作业量。

（7）挑选午餐音乐，让学生从家里带来磁带或 CD。

（8）把班里的录音机带回家一晚。

（9）使用彩色粉笔。

（10）邀请校外嘉宾来班里做客。

（11）随时可以喝水。

（12）随时可以用卷笔刀。

（13）把班里饲养的小动物带回家一晚。

（14）在低年级做服务。

（15）给图书管理员做助手。

（16）邀请其他班的一个朋友来班里共进午餐。

（17）给老师选择一本书，让老师读给大家听。

（18）按自己的意愿换座位。

（19）把动物玩具放到桌子上。

（20）跟老师共进午餐。

（21）获准用班里的录音机录一个故事。

（22）在游戏中做主持人。

（23）获得更多休息时间。

（24）读书给低年级的学生听。

（25）休息时第一个挑选活动器材。

（26）为班里选择课堂上观看的电影。

我发现，不论多大的学生，不论中国的学生还是外国的学生，对奖励的要求更多的是建立在自主和尊重基础上的。班主任要走进学生心里，使奖励成为师生之间最好的桥梁。

适合小学生的奖励方式还有以下几种。

（1）发放积分兑换卡。给表现优秀的学生发积分兑换卡，先把日常学校生活中能够量化的部分告知学生，如按时完成作业、认真完成值日、上课遵守纪律等，每完成一项便获得相应的积分卡。学生的积分卡累积到一定数目，就可以领取不同形式的“奖品”。随着年级的升高，可以逐步提高要求，学生要获得更多的积分兑换卡才能获取“奖品”。这个方法已经被很多班主任使用过，都取得了较好的效果。

（2）猜猜他是谁。每周要求学生寻找表现好的小伙伴，然后把小伙伴的名字和所做的事写在纸上，固定时间进行全班分享，让其他学生猜名字，推举出的优秀学生和推荐者都会得到奖励。

（3）奖励公示。不仅仅是在全班面前和家长群里进行奖励公示，还要把他们的名字公示在班级外面或后面的宣传栏中。如果班级有公众号、班刊等特有的宣传渠道，还可以开辟专栏，公示表现好的学生名单。

适合中学生的奖励方式还有以下几种。

（1）跟朋友同桌。一是要保证正常的课堂秩序，二是做新同桌的两个人一定要彼此都同意，不能勉强同学做自己的同桌。

（2）组织一次自选题目的自由讨论，班主任给予必要的支持和协助。

（3）接受其他同学为其撰写的颁奖词。鼓励班内学生发现同学的优秀事迹，撰写颁奖词并在公开场合读出。

专业成长篇

第 15 章

成长比成功更重要

成功学研究表明：成长比成功更重要。班主任要把工作做好，不仅要有工作意识，更应该有成长意识。有人当了十年班主任，能力还停留在初入职的水平；有人当了一年班主任，却有别人十年的水平。这是为什么？这与班主任有没有成长意识有密切关系。

有这样一个故事：一天夜里，现代原子物理学的奠基人卢瑟福偶然发现一位学生还在埋头实验，便好奇地问："上午你在干什么？"学生回答："在做实验。""下午呢？""做实验。"卢瑟福不禁皱起了眉头，继续问："那晚上呢？""也在做实验。"卢瑟福大发雷霆，厉声斥责："你一天到晚都在做实验，什么时间用来思考呢？"

卢瑟福的斥责似乎不合情理——学生勤奋反而遭到批评，但仔细想想，很多时候我们不就是埋头在仿佛很有价值的忙碌中，舍不得拿出时间来思考，而使工作少有突破吗？

目前中小学班主任普遍的工作状况也是做得多，想得少；简单重复的多，认真研究的少，常常是把自己累得筋疲力尽，工作效率却不是很高。

班主任要怎样改变这种局面呢？有一把金钥匙不能不用，那就是重视自己的专业成长。而有成长意识的班主任一定是热爱学习、善于思考、勤于总结的。

那么，班主任怎样才能加快自己的专业成长呢？

一、唤醒自我，立足自主成长

谈到专业成长，有些班主任首先想到的是怎样由别人来培养自己，其实这是一个误区。诚然，外在的培训很重要，但班主任必须清醒地认识到，真正的名师是靠自己培养出来的。有人说："鸡蛋从外面打破，是食物；从里面打破，却是生命。人生从外打破，是压力；从内打破，是成长。如果你总是等待别人从外部来督促、鞭策你，那么你注定成为别人的食物；如果能自己从内打破，那么你会发现自己获得了重生。"班主任可以去参加各种培训，也能得到学校的各种帮助和支持，但是别人代替不了自身的学习和提高，最终只能靠自己。

沈阳师范大学前副校长关松林曾写道："近20年来，辽宁盘锦和本溪有两颗璀璨的明珠在中国教育的土地上光艳夺目。一位是享誉全国的教育改革家魏书生，一位是在全国基础教育界久负盛名的徐世贵。他们出生于同一个时代，经历过相似的生活境遇，有过相同的人生诉求，实现着相似的人生价值……"

关松林校长过誉了。魏书生是当代的教育专家，在教育战线，我仅仅是个学习者和研究者，但从个人成长经历中体会到：一个班主任积极自主成长还是有意义的。

"生下来就挨饿，上了初中就停课"，1966年我读初中赶上了"文化大革命"，初、高中课程我基本没学过。1973年我上了本溪师范，虽然学了一点儿东西，但很不系统。毕业后先后当过教师、校长、书记等。其实那时我是带着知识欠账走上工作岗位的，心虚得很。

特级教师钱梦龙说："人的能力暂时低一些不要紧，但心中的标尺不能低。"对此我深有同感。较低的起点，没有让我沉沦，反而让我痛下决心，今生今世一定要学个样出来，让自己真正成为一个有专业能力的人。

爱因斯坦说："人的差异产生在业余时间里。"我不是一个智商很高的人，如果说我有什么特别之处，一是比较用功，二是有独立思考的习惯。几十年来，我很少休节假日，我把大部分的业余时间用于读书、学习、实验、创作。我订阅了十几种刊物，通过剪贴、抄写积累各种教学资料卡片几十本，多达几百万字。读书学习已成为我生活和生命中不可缺少的一部分。

"三更有梦书当枕""半床明月半床书"，我十分欣赏这种读书生活，我希望自己能进入这种读书境界，我觉得读书是一种享受。

书籍是前人的知识、思想、技术、智慧的载体，是人类进步的阶梯。读书学习使我认识了自己，发现了自己，改造了自己。读一本书如登上一层楼，开阔了我的眼界，使我站得高、看得远。

我虽然是一个中专毕业生，可经过40多年的努力，如今不仅获得多项国家、省、市教育科研优秀成果奖，而且出版了60多部专著，被评聘为辽宁省首批正高级教师、特级教师、优秀专家、东北师范大学等几所高校兼职教授。

班主任成长的路至少有两条：一条是被动地依赖于别人的培训，靠别人拉着、推着去做，内容由别人来规定，时间、方法由别人来控制。不能说这种学习对成长没有帮助，但相对来说，投入大却收效甚微。从这条路走出来的个性化班主任凤毛麟角。另一条是自己主动出击，自主选择内容、时间和方法，紧密结合自己的工作实际和成长目标，边工作、边学习、边思考、边总结，这就是班主任的自主学习，也是班主任专业成长的“高速路”。

求人不如求己，别人不给自己机会，自己可以创造机会。不要等着别人去欣赏你，而要自己培养自己，使自己更大、更强、更优秀，自然就有人来欣赏你。专业成长的途径，不能一味到外面去寻找，而要到内心去寻找，到离自身最近的路径上去寻找。生命中最值得投资的是自己，投资最好的方法是学习。

世界上有两种发现：一种是发现外部世界；一种是发现自我。班主任仅有成长意识还不够，还要充分了解、认识自己，对专业成长充满信心。人生最大的遗憾莫过于始终没能利用自身潜能和特长去创造本可以出现的奇迹。有的班主任之所以成长得不快，与缺乏对自己的认识和成长自信有直接关系。一项对 300 多位教师的抽样调查问卷显示：对“成为名师的最大障碍”这一问题，选择“自我认识不足”的教师比例最高，还有许多教师选择“对自我的认知非常欠缺”。

有人说：“世界上最重要的事情就是认识自己。”哲学家卢梭说：“人类的各种知识中最有用而又最不完备的，就是关于‘人’的知识。”著名学者特莱斯说：“人生最困难的事情是认识自己。”哲学家柏拉图提出人类“要认识你自己”。观念决定思路，思路决定出路，出路决定定位，定位决定地位。你能看多远，你就能走多远。所以每个班主任都要相信自己是具有巨大潜能的生命个体，它就如埋在地下的金矿一样，有待去开发和利用，要勇于认识自己，开发自己，创造自己，做最好的自己。

当然，这里强调关注自主成长，并不是让班主任忽略外在培训的作用。充分利用好各种外在培训资源，对班主任的成长也是至关重要的。

二、有效阅读，拓展思路

班主任成长的路有千万条，但是阅读学习是促进自己专业成长最直接、最简便、最有效的方法、途径之一。苏霍姆林斯基特别强调教师要热爱学习，他说：“为了在学生眼前点燃一个知识的火花，教师本身就要吸取一个光的海洋，一刻也不能脱离那永远发光的知识和人类智慧的太阳。”书籍就是“人类智慧的太阳”。读书是青年班主任快速成长的捷径，要走上这条捷径，必须解决一个误区——没有时间读书。许多班主任也知道读书的重要性，却常以没时间为借口心安理得地放弃读书学习。其实，这是惰性在作怪。

班主任要读哪些书呢？教育经典书籍必须读，而且要啃读。如《静悄悄的革命——课堂改变，学校就会改变》《民主与教育》《给教师的建议》等。优秀班主任的带班经验往往能给我们直接的启发，这类书籍也要读，如《班主任，可以做得这么有滋味》《班主任工作思维导图》《从新手到高手：班主任该怎么办》等。我们还可以订阅一些报纸杂志，如《班主任之友》《班主任》《德育报》等。一部手机、一台电脑就能让你足不出户便知天下事，与素未谋面的同行交流，因此，网络阅读也成为班主任阅读学习的途径之一。另外，还可以关注一些优秀教育人的公众号、简书等。

开卷有益，读书有道，一凭勤奋和毅力，二靠规律和方法。凭勤奋和毅力可以水滴石穿，靠规律和方法能够事半功倍。当然，读书还应该讲究方法，要学会智慧地阅读。

有人曾问我：“你为什么在那么忙的情况下还能做到教学、科研两不误，不但书教得好，还获得了那么多研究成果？”我说：“我受益于多读、多思、多做、多写。读是积累，思是加工，做是实践，写是总结。”我把学习、工作、研究结合起来，把读、思、做、写统一起来，这是一个人快速成长的最佳途径。

我家的藏书有几千册，90%是教育方面的书籍。几十年来，我购书和读书的经历恰恰是我从事研究的经历，我每个时期读的书也总是围绕这个时期我的研究专题来进行的。如今，拿出我发表过的论文或专著，总能相应地找出一部分书来。这些书不仅记载了我读书的经历，也记载了我研究的经历。

读书—实践—思考—写作，是我学习的“四步曲”。书到用时方恨少。因为你要写，你就要去读书收集资料；因为你要写，你才会发现知识的欠缺。所以，从这个意义上说，写作是一个中介、一个平台。因为写把读书与思考、读书与实践、读书与写作结合起来了，使它们相得益彰。写又是记录读书和研究成果的最好方式。建议青年班主任每学期结束的时候，给自己阅读过的教育书籍和报刊做一份目录索引，日后思考什么问题，研究什么课题，可以利用目录索引寻找相关内容。

在我看来，阅读与写作为我的专业发展插上了腾飞的双翼。阅读让我找到自我，阅读让我找到快乐，阅读让我所有的梦想都开花。阅读是班主任专业成长的台阶，希望每个班主任都能拾级而上，最终加入名师的行列。

三、学习名优班主任，少走弯路

要知河深浅，需问过河人。当班主任在专业成长中找不到奋斗目标，不知向何处走的时候；当班主任在专业成长中遇到困难，遭受挫折，急需力量支持的时候；当班主任在学习、研究中缺少方法，不知怎样做的时候……名优班主任作为过来人，能为青年班主任的专业成长指点迷津。学习、读懂名优班主任，能让青年班主任少走弯路。每一位名优班主任都有丰富的班主任经验，如果青年班主任能用心去学习、研究他们的经验，将会大大促进自己的专业成长。

怎样学习名优班主任？建议青年班主任从“找、学、创”三个字做起。

（一）找，就是瞄准对象

向谁学习？要考虑几个方面：一是对口。要找和自己相似因素比较多的名优班主任，如经验特点、兴趣爱好等。二是就近。主要考虑获得学习指导方便。如一个年级、一所学校、一所城市、一个地区，能够选择近的，就尽量不选择远的。当然这也不是绝对的，如果名优班主任与你契合度高，也可以跨年级、跨学校、跨地区。三是可学。找到有真本事又肯热心帮助你的名优班主任。四是多重。不满足拜一两个名优班主任为师，有条件的话可以不同层面、多方拜师。不但以师为师，以师为友，也可以徒为师，以徒为友。

（二）学，就是读懂名优班主任

学习名优班主任的方法有很多。如读名优班主任的书，听名优班主任的讲座，包括把名优班主任经验中好的做法拿来放在自己的班上尝试。学习名优班主任，应该放低身段，不懂就问。“善问者能过高山，不问者迷于平原。”抱着学习的心态，不懂的就要虚心请教。

（三）创，就是内化成长自己

一位哲人说：“走别人的路，虽然省力，却很难留下自己的足迹。走自己开辟的路，虽然艰难，却充满着奋斗的欢乐和笑声。”学习名优班主任，不能仅限于模仿，关键要内化，使自己获得成长。中国有句俗话：“师傅领进门，修行在个人。”拜师求艺，不能代替一个人的自主成长。路可以由别人来指点，但最终要靠自己来走。知识方法可以传授，但能力不是讲出来的，不是机械套用出来的，而是在实践中锻炼提高的。

另外，班主任不仅要向名优班主任学习，还要向自己的学生和同事学习，“与学生共同成长”已经成为时代赋予教师及班主任的一种责任和使命。教学相长，班主任在与学生的交往中也会学到很多东西。正在成长中的学生总是不断地引发出一个个教育问题，这些问题令班主任或欣喜，或头疼。接连不断的麻烦，逼得班主任频频“接招”。次数多了，班主任自然就有经验了。班主任与学生就是在相互的“较量”中成就彼此的，教学相长说的就是这个理。所以说，班主任的功劳簿上，应该有学生的一笔。

独学而无友，则孤陋而寡闻。有些班主任关门教书，闭门管理，把自己封闭起来，不愿和同行交往、沟通。虽然经过自身努力，水平也可能会提高，但工作效率和效果肯定会受到影响。都是做班主任的，在同一个教研组、同一所学校工作，既是同事，又是朋友，在做班主任工作时，一定会遇到许多相同和不同的问题，针对这些问题进行切磋交流，也是一种很好的学习，有利于丰富知识、拓展思路。

四、专业写作，总结反思

为什么有的班主任虽然工作许多年，也读了许多书，听过许多名优班主任的报告，但专业成长并不是很快。有一个重要因素，就是缺乏对班主任工作的专业梳理和总结。特级教师李吉林说：“写作就是研究。”没有写作，研究成果往往会呈现碎片化、即时性等特征，写作是对这些研究成果的归纳、整理和提升，也可以说是对平时研究的“二次研究”。这里李吉林所说的“写作”，实际就是对自己实践工作的总结反思，即专业梳理。

那么，班主任怎样进行专业写作梳理呢？

（一）撰写班级管理日记与日志

写好班级管理日记是班主任对班级进行有效管理的一种方法。它能帮助班主任记录学生生活中的点滴，见证学生的学习与成长，它能搭建起学生与班主任之间沟通的桥梁，凝聚班级向心力，同时还能提升班主任的班级管理水平。

优秀班主任李镇西谈过这样的做法和体会。

从 2004 年 8 月 30 日新生入学第一天起，我开始恢复了写班主任日记。我写的的确是“日记”——除了星期日，我每天晚上都把当天的教育过程忠实地写下来，少则三五千字，多则上万字，一学期下来竟然已有六十多万字！这六十多万字所展示的，是我每天原生态的教育现场和我真实的教育感受。我把这部日记命名为《心灵写诗》——按照我的理解，教育就是教育者用心灵在学生的心灵中写下心灵的诗篇。我一边写，一边在教育在线网站贴出来，于是，每天都有数万网友读我的《心灵写诗》。许多网友对我说，读我的日记成了他们每天晚上的精神享受，他们和我一起关注我的学生和我班级的成长。甚至有网友对我说，如果哪天没有读到我的班主任日记，他们连睡觉都不踏实。

曾有网友问我："天天写这么长的日记，你是如何坚持下来的？我真佩服你的毅力！"是的，在旁人看来，我似乎很有"毅力"，坚持读我日记的网友们可以作证，每一篇日记我几乎都是当天完成——当然，也不止一次在午夜才写完，上传到网上已经是次日凌晨。但我不觉得这需要什么"毅力"，因为这是我本身的"需要"，而这种"需要"已经变成了习惯，就像每天再忙也要洗脸刷牙一样——难道洗脸刷牙还需要什么毅力吗？

（选自：李镇西《李镇西班级管理日志（高一上学期）》，文化艺术出版社，2010 年出版，有删改）

如李镇西老师这样写班主任日记，并不像有的班主任想象的那么"累"，那么"苦"，需要那么"坚韧不拔"，因为用文字记录自己和学生每一天的成长，实在是一件非常有意思的事！

班级管理日志与班级管理日记既有联系，也有区别。从联系看，班级管理日志是班级管理日记的一种，都是对当天班级发生的事情进行记录和思考。区别在于：班级管理日志可以由学生和教师共同完成，而班级管理日记主要由班主任来撰写；班级管理日志可以是公开的，可以记载所有想写的东西，就像自己的一个笔记本，可以与人交流，也可以做记录；而班级管理日记一般是个人的一些生活或感情的记载，可以是不公开的。下面就是一份班级管理日志。

11 月 13 日（星期日）

1. 班主任会议

（1）公用电话卡管理，上次没有办的自己去电信办。

（2）常规管理。

课间操管理；升旗仪式人数、纪律；课间太吵；晚就寝，宿舍有讲话、打闹等违纪现象。

11:10 以后违纪处理：走读一周，取消评优评先资格，通报批评。

早读课上进出教室频繁，影响学习效率；今天早读课有三个学生上厕所 10 分钟。

（3）每周学一篇文章，优秀是一种习惯！

2. 下周第二阶段的期中考试

（1）期中考试氛围——凝重、心静。

（2）调整好考试状态：多做数学基础题，练速度、正确率。

（3）缓解紧张氛围。

（4）介绍考试技巧。

（5）明确考试的重要性。

（二）撰写教育案例

一个好的案例，其实就是一个或多个生动的故事加上精彩的评价。班主任教育案例是班主任讲述的自己在班级工作中真实的教育或管理故事或事例，并对其进行分析、总结或反思。

班主任教育案例不是论文，因此要重叙事而非议论；班主任教育案例不是工作实录，因此不能有闻必录，而要对素材进行遴选，选择有典型性的，或能说明某个问题、反映某个规律、体现某个观点、可指导某种实践、可启发某种思路的事件。

1. 教育案例的常见形式

（1）案例纪实—案例反思。

（2）案例背景—案例描述—案例分析 。

（3）案例—问题—分析。

（4）案例描述—案例分析—教育措施—教育效果。

2. 教育案例“五有”

（1）有主题。主题要有价值、很典型、中心突出。案例描述要能清楚地说明一个问题，表达一个思想，蕴含一定理念，应当给人启示，能引人深思。可以围绕班级教育或管理工作中的精彩片段或典型事件来编写案例；可以围绕一个主题组织一系列有关事件然后再进行编写；可以就某个教育活动的全过程来撰写。这些案例，可以正面方式叙述，如“一次成功的沟通”；也可以反面方式叙述，如“一次没有成效的班会”。提倡班主任写片段型案例，因为这种案例篇幅短小，问题具体，主题集中，能体现细节，便于分析。

（2）有背景。在正文里，要交代一下事件发生的具体背景，故事发生的时间、地点、人物，事情的起因等，也可以交代学生的家庭背景。背景介绍并不需要面面俱到，重要的是说明事件的发生是否有什么特别的原因或条件。

（3）有故事。如果案例讲述的是真实的事，要有起因、经过、结果，有时间、地点、人物，有反思与启示。注意抓住事件细微而又具体的典型情节加以生动细致的描述，事件的过程是案例的主体，是要求展开叙述的部分。不仅要叙述问题是如何发生、如何被发现、如何发展的，还要注意全面、详尽、细致地展现问题解决的过程：班主任是如何干预的，问题解决中出现的反复、挫折等。切忌把这部分叙述简单化、概括化。

（4）有思考。或反思，或评点，或思考，简练又有深意地揭示规律。班主任要对自己撰写的案例进行分析，也可以由他人分析。本着多角度、理论联系实际、实事求是的原则，揭示案例背后隐藏着的班主任工作的基本知识、原理或规律，所反映的班主任的实践智慧和人格素养等。

（5）好题目。扣题新颖，言简意赅、吸人眼球。可以事件或主题为标题。标题要紧扣案例、角度新颖。必要时，可以设副标题，作为正标题的补充或说明。

（三）撰写教育反思

追溯名优班主任专业成长的脚步，几乎每人都有认真进行反思的习惯。特级教师贲友林曾说："反思教育生活，就是对自己每天在教育生活中说的、做的、想的点点滴滴，扪心自问：为何得意？为何失意？为何困惑？为何争议？反复琢磨：有效吗？合理吗？还可以更好吗？并且，把行动的过程与思考的内容用文字记录下来，如果仅仅是一想而已，那么实践与思考将如同过眼云烟。内隐的思考书面化之后，不仅条理更加清晰，而且能促进思考的持续与深入。这样，每天我们走进校门，不再是'凭着一张旧船票，登上你的客船'，不再是'重复昨天的故事'。"

有效反思的格式是"纪实 + 思考"。

纪实就是真实地记录自己原生态的课堂教学与当时的想法，记录时不加工、不修饰。做了什么就写什么，想了什么就写什么。

思考包括五项内容：（1）思做，即回忆事情发生的经过，遇到了什么事情。（2）思得，即效果及收获是什么，精彩在哪里。（3）思失，即分析问题、失误是什么，产生的原因是什么。（4）思改，即针对问题、失误如何改进，应该发扬什么、纠正什么、改进什么？（5）思创，即如何去创新突破。

青年班主任若能通过写把别人的智慧借过来，把自己的创意加进去，把理解的东西做出来，把困惑的问题摆出来，把研究的成果写出来，把成功的经验传出去，那么离名优班主任也就不远了。

五、守住宁静，心无旁骛

有调查表明：当前对于有些青年班主任成长的最大障碍，往往不是环境和他人，而是自己的惰性、满足、自我原谅、自我开脱，是大事做不来、小事又不愿做的“潇洒”。青年班主任要获得成长，首先要耐住寂寞，守住宁静，心无旁骛。现代社会很浮躁，班主任如果不能静心充电和思考，顶不住各种诱惑，成长便无从谈起。

没有独处，就没有心静和专一。没有心静和专一，就难有深度思维。没有深度思维，灵感又从哪里来？我在办公室和家中书房枯坐“冷板凳”的时间非常长，但看到自己的教科研方案一次次被采用和实施，一本本专著出版，一次次外出讲学受到好评，便觉得所有的寂寞和孤独都值得。

找一件值得做的事，用一生的时间去做好，让自己奋斗的足迹成为最值得欣赏的风景。

第 16 章

班主任的时间管理

班主任辛苦劳累，是不争的事实。有位班主任说：“每天忙，忙得皱纹爬上了额头，忙得人老珠黄。又是一个星期一，繁忙的一周又开始了。现在上两个班的数学课已不是我的主要任务，我的时间更多地花在班级管理上。现在，午睡、看电视、打乒乓球等都与我无缘了！”

的确，教师很忙碌，班主任就更忙碌了。班主任工作有如下三个特点：一是琐碎与不确定性。班主任的时间常常自己做不了主，琐碎的班级事务，临时的工作安排，恼人的突发事件，令人头疼的后进生，都会牵着班主任的鼻子走，让班主任身心疲惫。二是兼职与多重性。班主任工作是兼职的，除了班主任工作外，还要做任课教师，要备课、上课、批改作业、辅导学生等，常常忙碌不堪。三是领导班主任的部门多。上有千条线，下有一根针，几乎学校里的所有事情都和班主任有联系，班主任要应对不同部门的多种工作，压力可想而知。

能掌控时间的人才是赢家。如何科学合理地管理时间是每一位青年班主任要思考的问题。

时间有以下三个特性。

1. 恒定性

恒定性表现在三个方面：（1）不可逆转。有进无退，一去不复返。（2）不可伸缩。它属于每一个人，一分一秒都不能增加和减少。（3）不可贮存。任何人既无法阻止它的流失，也无法把它贮存起来。由此可知时间是恒定的，人们只能根据它的特点和规律去合理、有效地利用它。

2. 公平性

时间对每个人都是公平的，无论对谁都没有一点儿偏袒。世界存在许多不公平，时间却是个例外，它给每个人的都一样。不过，对待时间的态度不同，人获得的结果也不同：对那些不珍惜时间、虚度年华的人，时间就是匆匆而过，不会留下什么；对那些努力拼搏、争分夺秒的人，时间是慷慨无私的，它会帮助他们取得很大的成就。

3. 可变性

时间都是有弹性的。鲁迅说过："时间就像海绵里的水，只要愿挤，总还是有的。"

越忙的人时间越多，因为他们能掌控时间，这也就让时间有更多的弹性。因为忙，他们才对时间精打细算，想尽一切办法去有效利用时间，从而解放自己。闲人无所事事，不珍惜时间，哪里还谈什么规划与利用。

特级教师贲友林曾有过这样的描述。

前段时间，办公室的同事好奇地问我："怎么看不到你批改试卷啊？"我说，改完了。他们很纳闷："没看到你批改呀？"我告诉他们，平常教学过程中的形成性测试，我们班都是考、评、改，一气呵成。具体的操作是，一场考试时间若是80分钟，我会提前10到20分钟结束考试，然后让学生同桌交换互批，之后让学生将试卷上需要评讲的题目提出来，就这些题目，组织学生分析、讨论。而试卷上那些学生都觉得不需要评讲的题目，快速核对一下答案即可。收齐试卷后，我具体看一看每位学生的错误所在，然后就全班集体性的错误组织研讨。之后，将试卷发给学生订正，我面批。所以同事在办公室里看不到我埋头于试卷堆。

大部分教师怎么做的呢？考试、批改、评讲、订正、再批改，程序井然，教师费时费力，结果未必如愿。而我"偷懒"的做法，效果比传统"勤劳"的做法要好。考完就评讲，学生听得特别专注。订正后的面批，更具有针对性。改变，源于思考。思考，又带给我们改变的动力与方向。改变，需要我们用情、用力、用心。生命的成长，是不断新陈代谢的成果。唯有改变，才能让我们的日常教育教学生活充满生机与活力，让我们感受到生命的向上与蓬勃。

贲老师独特的合理安排时间的技巧让人叹服，而这都来自他对时间的思考。时间安排好了，相当于延长了生命。那么，怎样科学合理地安排时间呢？

一、学会开发时间

在同一所学校从事同样的工作，为什么工作效率和结果会不同呢？这里有必要研究一下"四象限法则"，它里面藏着科学合理地安排时间的智慧。

“四象限法则”也叫“艾森豪威尔法则”：如果把要做的事情按照紧急、不紧急、重要、不重要的顺序划分，可排列组合分成四个象限。

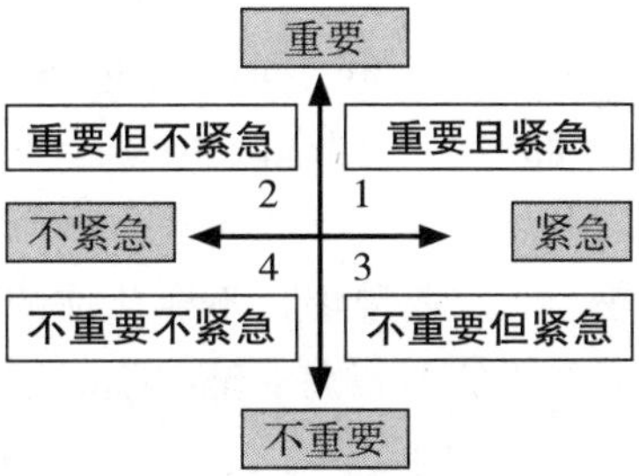

图 4　四象限法则

象限一：重要且紧急的事情。这一象限的事件不能逃避也不能拖延，必须首先处理，优先解决。对班主任来说，如班里两个学生正在打架，短时间内要上的公开课等，都在这一象限。重要且紧急的工作，逼迫我们不断奔跑。

象限二：重要但不紧急的事情。这一象限的事件不具有时间上的紧迫性，但是它具有重大的影响。

象限三：不重要但紧急的事情。这里面包含的事件是那些紧急但不重要的事情，因此它具有很大的欺骗性。很多人认识上有误区，认为紧急和重要可以画等号，实际上，如无谓的电话、附和别人期望的事等都并不重要。这些不重要的事件往往因为紧急，会占据人们很多宝贵的时间。

象限四：不重要不紧急的事情。第四象限的事情大多是些琐碎的杂事，没有时间的紧迫性，也不重要。这类事件与时间的结合，纯粹是扼杀时间，浪费生命。如发呆、闲聊、游逛等都在这一象限范围内。

可以看出，第二象限是“高回报率象限”。事情重要，时间充裕，只要肯“投资”，收益定然不菲。

班主任读书、学习、做研究，都属于第二象限，它们重要，但不紧急。表面看来，班主任在它们身上下功夫是浪费时间，其实不然，它们可以帮助我们提高工作效率。学习本身可能会耗费一些时间，但是学习可以帮助我们梳理教学经验，整理对问题的思考，可以使我们看问题更透彻，采用的方法更优化，从而减少无效劳动。抬头看路，也许会影响干活的时间，但这些时间换来的是对前行方向更准确的把握。

现在很多班主任将自己读书写作、参加培训、讲公开课等放到第四象限。这样的班主任，读书是为了应付学校检查，培训时则闭目养神或玩手机，公开课更是能推就推，不能推就敷衍了事。他们为此也支出了大量的时间，但专业成长不快，研究成果也不突出。

我是第二象限的最大受益者。对我来说读书、科研、写作都属于“重要但不紧急的事情”，我从没有因为它不紧急而忽略它。相反，我因认识到它的重要而始终坚持关注、开发、利用它。经过30多年的努力，高投入给我带来高回报：出版60多部专著，到全国20多个省讲学；专业职称实现三级跳。

我想提醒青年班主任，一定要警惕，不要让你的时间被第三、四象限的事情大量吞噬。紧急但不重要的事，大多是些临时性事务。比如，别人打来的闲聊电话等。对这些事务，我们要勇于说“不”。至于那些不重要也不紧急的事情更不必多说，虽然那些事可能可以帮我们舒缓压力，但沉溺其中就是浪费生命。

二、学会计划时间

当今社会，生活节奏较快，人们总是抱怨自己太忙，没有时间。其实这个世界上根本不存在“没时间”这回事。如果你跟很多人一样，因为太忙而没时间完成自己的工作的话，那请你一定记住，在这个世界上还有很多人比你更忙，但他们完成了更多工作。这些人并没有比你拥有更多的时间，他们只是能更好地利用时间而已！

班主任总是处于工作忙乱、“疲于奔命”的状态，一个重要的因素可能是对时间的安排缺乏计划性。调查发现，大部分班主任忙乱的背后有两大“推手”：一是盲目，不清楚自己每天为什么做这些事情，所以在纷沓而至的任务面前不知取舍，不会变通。二是无序，想起哪件事就做哪件事，不知优先原则和紧急原则，没有管理好时间，结果捡了芝麻，丢了西瓜。

培根说：“合理安排时间，就等于节约时间。”班主任每天的工作很多、很杂，因而必须对时间做适当的规划。

1. 常规时间内，有效完成常规工作

班主任面对蜂拥而至的各种事情，如备课、上课、批改作业、找学生谈话、处理问题、组织活动等，要做出清醒的判断：哪些事情是重要的，需要认真筹划与处理；哪些只是琐事，可以延缓处理甚至放弃。常规工作要注意方法、讲究效率、及时完成，时间尽量控制在6~7个小时，把8小时中剩下的那一部分时间用于处理重要而不紧急的事情。

2. 工作时间外，发展自己

工作时间外，班主任要学习、研究，提高自身的能力。班主任在学校时，一定要充分利用学校资源：首先是图书馆，那里藏书丰富，针对性强；其次要经常请教同事；再次要用好教育网络，进行开放性的沟通与交流。用于个人发展的时间往往是零散的，但日积月累，砖块可以垒成大厦，茅草可以蔓延坡地，能力提升是必然的。

3. 制订日程表

早晨上班，或前一天临下班时，要写出工作要点，把各项工作按重要性进行分类。开始工作时，要把主要的时间和精力用来处理重要的或较急迫的事情，如可以把 60% 的时间用于处理重要事情，20% 的时间用来处理一般事情，其余 20% 的时间作为弹性时间运用。这样就抓住了主要矛盾，确保了各项工作的顺利完成。

4. 学会合作

当前普遍存在着班主任工作时“单打独斗”的现象，同样的事情你做我也做，无形中会浪费许多时间。为此，学校要倡导班主任学会合作，发挥团队优势，如班主任在年级组中可自发成立“课件小组”“后进生转化小组”“后勤小组”。某些班主任负责制作课件，某些班主任负责研究应对后进生的教育，某些班主任负责整理、下发通知及学生收费等事务性工作。大家分工协作，将年级组中每位班主任都可能重复做的事情进行整合，可以节省时间，提高工作效率。更重要的是，还有利于增强同事间的亲密感、信任感和责任感。

5. 充分利用学生资源

有些优秀班主任在介绍教学经验时说：“在教育教学中，只要学生能做的，我就坚决不做！”这种观念和做法应该大力提倡。因为它既能减轻班主任的负担，又能锻炼学生的能力，一举多得。

湖北省长阳土家族自治县实验小学班主任曾晓云讲了自己的体会。

学会“偷懒”，既轻松自己，又锻炼学生。初当班主任时，那份新奇与甜美，还有义务与权利的意识，促使我什么都想管，什么都包办，结果把自己弄得筋疲力尽，热情尽失，不再踌躇满志，剩下的只有烦恼和倦怠。直到有一天，我在潜心研读《父母必读》，学习育儿知识时，读到这样一段话：“勤快妈妈养出懒孩子，懒妈妈养出勤快孩子。”我恍然大悟，当班主任就如为人父母，何不也“偷偷懒”呢？经过一些尝试，我总结出了一些“懒”经验，也从中体会到了无限的乐趣！

一个班主任，特别是小学班主任，面对着很多的班务工作，诸如布置教室，每月一期黑板报，各种集体活动的准备，清洁检查……以前我总陷在这些工作中忙得不可开交，还常常加班。现在，我试着把这些工作交给学生来做，真是不做不知道，一做吓一跳啊！以前总担心学生太小做不好，可学生给我的是一份意外的惊喜，在他们的智慧劳动下，教室布置得整洁美观，黑板报办得丰富多彩，活动准备做得头头是道，清洁检查搞得细致入微……这一切，都让我对学生刮目相看，原来他们都是那样能干又富有创造力。在这个过程中，不仅我这个班主任变得轻松了，学生的各种能力也得到了培养。当然，低年级的学生，最开始是需要指导的，要有一个从扶到放的过程。

6. 合理安排班级事务

根据一些班主任处理班级事务的经验，我们归纳出“十六字方针”，即“适当分工，彼此宽容，生活从简，忙中寻乐”。有适当的分工，可以减少忙乱，增强工作的计划性、条理性；有了彼此的宽容，就不会斤斤计较、互不相让；有了生活从简的指南，可以节省时间；有了忙中寻乐的生活哲学，可以从班级家务中寻求到情趣和快乐，调剂疲劳的身心和紧张的状态。

特级教师吴正宪是这样利用时间的。

（1）目标明确。她说：“我始终保持一个很好的习惯，即年年有目标，月月有计划，周周有安排。每天早上，我常常以小时为单位安排好一日工作。”

（2）忙而不乱。她说：“我的工作原则是在做好本职工作的基础上，努力做好社会工作；白天做不完的工作就在晚上做；紧急的工作优先去做。我早已适应了这种高频率、快节奏的工作和生活方式。多年的实践使我逐渐学会了‘弹钢琴’，繁杂的工作，忙而不乱，井然有序。”

三、学会节省时间

掌控时间，不仅要考虑如何充分利用时间，还要考虑如何节省时间。我常常采用不同的方式方法来处理学科教学工作、班主任工作和行政性事务。如备课前，我会通过网络将正式发表的与课文相关的内容，包括教材分析、教学设计、课堂实录等悉数下载，然后结合自己的阅读积累和教学经验加以沉淀，在此基础上进行文本解读和教学设计。学生作业，或一次性解决掉，或化整为零，即每天按量完成一部分。做班主任工作和处理行政性事务是两种法子。面对班主任常规工作，每天或是每周列一个计划表，然后有序地穿插进行。对于行政性事务，则快刀斩乱麻，速战速决，或第一时间分配给相关人员去做。

要想节省时间还要处理好主业与副业的关系。你永远不可能有时间去亲自处理每一件事，但你永远要拿出时间做对你来说重要的事。此处的关键是，时间管理需要有一个与你的价值观相吻合的目标追求。如果价值观不明确，你就很难知道什么对你最重要，时间分配也就一定会不得当。在日常生活中常常有这样的情况：有的班主任总抱怨没时间管理班级、没时间备课、没时间阅读、没时间做研究，但是常常在人情场、电视机前见到他们的身影；有的班主任谈论课题研究时没话可说，聊起别的来却头头是道。这里绝不是说班主任不该做这些和知道这些，而是说要处理好主业与副业的关系，要保持一个“度”。现在社会很浮躁，班主任如果顶不住各种社会诱惑，整天忙于应酬，不能静心充电和思考，就很难成为一名出色的班主任。

以下节省时间的八个要点供大家参考。

（1）无论做什么事都对自己提出时间要求。

（2）把每天要办的事按轻重缓急列出一览表。用主要时间去做好重要的事，最好一次集中力量只做一件事。按计划去逐项做，不因哪项工作有困难而放弃。

（3）尽早终止那种费时费力且毫无收益的活动，如乱打电话，毫无意义的闲聊，无节制地看电视等。

（4）做任何事情都要寻找窍门，避免一味蛮干。

（5）减少一切“等候时间”，并学会利用“等候时间”。

（6）东西摆放井井有条，不因百般寻找而浪费时间。

（7）把琐事积攒起来，每月抽出三个小时集中处理。

（8）要从每一分钟得到乐趣和效益，有些时间不可避免地耗费在意想不到的事情上，但不为此而烦恼，也不把时间浪费在对失败的懊悔上。

四、学会利用业余时间

人的一生，如果除去睡觉的 8 小时、工作的 8 小时，还有 8 小时的业余时间。把时间有效利用起来能做多少事啊！爱因斯坦说：“人的差异产生在业余时间。”正是抓住了业余时间，特级教师窦桂梅潜心读书学习，认真备课思考，从一个师范毕业生成长为全国著名的特级教师；正是抓住了业余时间，魏书生写了几十万字的日记、反思，积累了深厚的教学功底，成为著名的教育改革家；张抗抗坚持利用业余时间写作，最终成长为一名青年作家。这样的事例不胜枚举。所以，班主任必须学会开发和利用业余时间。

时间更多地呈现为碎片化状态，也就是说，每个人的业余时间，会被各种各样的繁杂事务切割成许多零碎的小块时间。现代人的工作和生活是快节奏的，每个人都行色匆匆、忙忙碌碌。没有人会给你安排专门的时间去读书、写作、研究、锻炼。班主任要学会见缝插针，根据时间的长短，合理地安排要完成的事情。特级教师李镇西就是这方面的高手，坐高铁、飞机，如果时间稍长，他就会静下心来写作，很多作品就是在这样的“飞速中”诞生的；比较短的时间，如候机只有十几分钟，他就处理微信留言等。另外，书读得越多，备课越轻松，跟学生交流也越容易。所以，读书看似使人忙碌，其实是使人变得闲暇，也是节省时间的隐性方法。

五、学会内心平静

非静无以成学，时间的利用与人的心理状态密切相关。身处浮躁的现实社会中，班主任应控制好自己的情绪，要使自己沉静下来，这就需要有自主活动的时间与空间，学会在繁杂的事物和应酬面前说“不”。

在日常生活中，做无意义而又劳民伤财的事，是最浪费时间的，却时有发生。

对有些事情敢于说“不”，别人一开始可能不太理解，可慢慢会理解的。学会说“不”，你不仅可以尽情享用自己所拥有的业余时间、精力和空间，而且自尊和自信都将进一步提高。

要想让心灵尽快静下来，还要学会远离诱惑。手机、电脑、电视等，都如同面目狰狞的恶兽，随时准备吞噬我们宝贵的时间。我们做重要事情的时候，要有意识地远离可能对自己产生干扰的事物，可以去一个无人的房间，或把手机放到另一个屋里，总之，身边不要放容易使你走神的东西。

不知你有没有这样的发现，在图书馆，我们更容易紧张起来，更快地进入聚精会神的阅读状态，而在自家客厅的沙发上，我们则会很自然地放松，看看电视，刷刷微信，品品香茗……这就是场的力量。所谓的“场”，其实是包含大量行为线索的环境，这些行为线索会刺激你做出特定的行为。

“场”的力量一方面来自他人的行为。人是一种社会性的动物，如果同一个环境里，别人都在努力工作，它自然也会暗示你该行动起来了。都知道衡水中学的学生学习效率超高，就是因为那里的每个学生都争分夺秒，整个学校已经形成了拥有巨大力量的场。“场”的力量还来自自身过去在某个场景中的行为。比如，你经常在书房的桌子上工作，这个地方就更容易让你进入工作状态。

我们要多和正能量的人接触，多去图书馆、办公室等人们积极工作、学习的地方，让别人的行为刺激我们的感官，鞭策我们努力上进。另外，我们平时学习或工作时，尽可能固定在一个地方，进入这样的场景，我们的身体会不由自主地切换到工作、学习状态，效率自然提升，这也就节省了大量的时间。

六、学会休息放松

珍惜时间并不等于不注意休息，疲劳战术反而会降低工作和学习的效率。有时，休息是为了走更远的路，停歇是为了更快的发展。一个人仅有事业上的成功，只能算成功了一半，唯有兼顾事业、家庭、人际关系、个人成长等人生各个层面的和谐发展才算是真正的成功。

也许你不相信，提升工作效率的最后一点是彻底放松、休息。你放松了、休息好了，精神状态就好，精力也会更充沛，工作效率自然就高。相反，连续加班，持续高压，工作效率就不可能高。人生是一项长跑，不是50米冲刺，只有彻底地放松，才能更有精力去工作。

多年来我之所以在教科研方面有一点儿成果，除了注重学习方式外，还与特别注意利用时间有密切关系。我总结了利用时间的8个“一点儿”。

1. 计划一点儿

做事分清轻重缓急，用最好的时间去做最重要的事。例如，教师要力争第一时间完成备课这项重要的教学任务，解除后顾之忧。

2. 节省一点儿

掌控时间，不仅要考虑时间的充分利用，还要考虑如何去节省时间。为了潜心教学和研究，我放弃了很多对我来说意义不大的东西以赢得时间，如我从来没有打过电脑游戏，也很少看电视剧。不忘初心，坚定信念，才能不断成长。

3. 利用一点儿

业余时间一定要多利用一点儿。我的作息时间是“百灵鸟型”的，只要在家，晚上8点钟就睡觉，早晨两三点钟起床，或写东西，或阅读。有时甚至晚上12点左右就起来工作，一直到吃早饭。这个时间段是我的黄金时间段，每每进入这个时间段，我就很容易进入高效状态。兴奋，有灵感，很多东西是在这个时间段写出来的。另外，双休日和寒暑假，除了外出讲学、开会外，大块的时间我都会充分利用起来。

4. 结合一点儿

尽可能把自己学习、钻研的内容与实际教研、培训和讲课内容有机地结合在一起。教、研本为一体；教基于研才更科学，研源于教才有活力；善教者必是善研者，善研者也必是善教者。如此一来，既是个人学习钻研，又是工作，也是研究，可谓一举三得，堪称公私兼顾。

5. 替代一点儿

别人能够解决的事，我尽可能不插手，锻炼他人的同时，也把自己从琐碎的日常事务中解放了出来。

6. 果断一点儿

做事考虑太多，则优柔寡断。深思熟虑是好事，但若想得太多，迟迟不敢下决心动手执行也会浪费时间。每天要做的事很多，不能左顾右盼，瞻前顾后，优柔寡断。其实，在许多情况下，并没有百分之百的对与错，只要用心去做就好了。

7. 限时一点儿

争取在限定的时间内完成预定的任务。人的大脑表现出一种明显的惰性，在没有时间限制、没有紧迫感的情况下，往往紧张不起来，因而会直接影响记忆效率。我们应该学会做事限定时间。

8. 安静一点儿

不纠结于琐碎的事务，做一个积极而又安静的人。忙时心不乱，闲时心不空。从容安定不抱怨，慎独养身，没有其他杂念。面对荣誉，要拿得起，放得下，不要在乎别人的毁誉，而要自信自省。但问耕耘，莫问收获，竭尽全力，就是胜利，“静待花开”的同时也是对自己最好的善待。

时间对每一个人都是公平的，不以尧存，不以桀亡。不珍惜时间，就会荒废学业、事业，一生碌碌无为。珍惜时间就是珍惜生命。时间如同储蓄，有投入就一定会有回报。青年班主任一定要充分利用时间去努力工作、认真学习，充实自己，用知识武装自己的头脑，去创造自己的人生价值！